赤ちゃん学カフェ vol.1

CONTENTS

イラスト／なかのよしこ

2 **創刊にあたって**……小西行郎・汐見稔幸

創刊特別企画
4 **赤ちゃんの社会性の発達**……遠藤利彦
人にとってもっとも大切な能力の芽生え
Ⅰ ヒトはとても社会的な生き物です。／Ⅱ アタッチメントは社会性発達の基盤です。
Ⅲ 赤ちゃんは感情を通していろいろなことを伝えます。／Ⅳ 赤ちゃんは早くから人の気持ちに敏感です。

33 連載 **赤ちゃん研究者の育児奮戦記①**……麦谷綾子

36 対談 **早期教育と脳科学**……甘利俊一・汐見稔幸／司会：旦　直子

おもしろ赤ちゃん学講座①
44 **DVDで英語学習？**……開　一夫

赤ちゃん学会学術集会講演より
46 **チンパンジー研究からヒトの赤ちゃん研究へ**……松沢哲郎

シリーズ・育児文化国際比較
58 **フンザの泥おむつ**……榊原洋一

64 **書評 日曜ピアジェ 赤ちゃん学のすすめ**……小西行郎

赤ちゃんと育児を科学するクロストークQ&A
65
Q1「赤ちゃんはおむつが濡れると泣く」はホント？……丹下明子・三野めぐみ／平岡政弘
Q2 いっぱい語りかければ「ことば」は育つ？……志村洋子／中川信子
Q3 赤ちゃんはなぜはいはいをするのでしょう……多賀厳太郎／國吉康夫

75 読者の方々へ
76 第7回日本赤ちゃん学会学術集会ポスター発表（表題と発表者）
78 赤ちゃん学会ニュース……呉　東進
79 日本赤ちゃん学会入会のご案内

◉赤ちゃん学会からのお知らせ
56「ベビーサイエンス」紹介
57「新・赤ちゃん学入門講座」開催のご案内

表紙デザイン／山田道弘　　本文デザイン／藤森瑞樹

育児や保育の現場と研究者を結ぶ
雑誌が誕生しました

日本赤ちゃん学会理事長　**小西行郎**

日本赤ちゃん学会が設立されて約7年、念願の第2学会誌を創刊することができました。

学会誌「ベビーサイエンス」は基礎医学から心理学や情報工学など異分野の研究者が学会誌の上でクロストークをしようと企画されたもので、紙上での討論などユニークな学会誌と高い評価を受けてきました。しかしながら、これだけ重要で興味深い研究があるのならそれを育児や保育あるいは教育の現場に還元してほしいという意見にお応えする方法がなかなか見つからず、いろいろ試行錯誤を重ねてきました。

そして今回やっと第2学会誌「赤ちゃん学カフェ」が誕生しました。今度は研究者同士の意見交流の場ではなく、育児、保育や教育の現場と研究者との間の交流の場としての学会誌です。研究者の文章も専門用語はできるだけ避け、易しい言葉で書いてくださるようにお願いしました。また、現場から日常生活で起こっている気になることや不思議なことなどについての質問に研究者がていねいに答えるコーナーもつくりました。研究者と現場の人たちを結ぶことで、研究そのもののレベルも向上し、「研究のための研究」といわれることも少なくなるでしょう。

また、お母さんや保育士さんにとっては、思い込みや昔からの慣習に過ぎないと思われたことが案外科学的であったり、何気ない赤ちゃんのしぐさの意味が分かってちょっと嬉しくなったりすることで育児への不安が少しは軽くなることもあるかもしれません。

「赤ちゃん学カフェ」はこうした思いでつくりました。どうかこの雑誌を学会とともに育ててほしいと思います。

イラスト／なかのよしこ

「赤ちゃん学カフェ」
創刊にあたって

いっしょに参加し育ててくださる
ことを願っています

「赤ちゃん学カフェ」編集委員長　**汐見稔幸**

人類はこれまで実にさまざまな学問をつくってきました。しかし、それらを分類していくと、大きくはたったの三種類になることがわかります。人間そのものについての学問と、人間を取り巻いている客観的なものについての学問と、人間がつくり出してきたものについての学問です。人間を取り巻いている客観的なもの全体をマクロコスモス、人間がつくり出してきたものをヒューマンコスモス、そして人間そのものをミクロコスモスというとすると、人類は、この三つのいずれかへの知的好奇心によって、これまでの膨大な学問を創造してきたわけです。

マクロコスモスとヒューマンコスモスへの知的関心は、人間のことを人間の外から解明したいという好奇心に支えられたものです。とすれば、人間は、人間というこの宇宙でおそらく類まれだと思われる存在のことを自分でもっと知りたい、つまり自己をもっと知りたいというたった一点の動機に支えられて、膨大な学問をつくってきたといえそうです。

今、その人間存在の原点ともいえる赤ちゃんのことが、ようやく科学的・学問的な解明の対象になり始めました。おそらく、赤ちゃん学という、まだ姿のはっきりと見えてきたとはいえない新しい学問の裾野は、人間の、自らのことをもっと知りたいという根源的動機に直接つながるものとして、どんどん広がっていき、他の学問との接点をいっぱい求めていくと思われます。そのとき、一見ばらばらで多様に発展してきたように見える学問が、ある統一的な総合の方向を目指し始めるでしょう。

この学問のおもしろさと到達点を、より多くの人たちに知ってもらいたい、そして自己認識を深める作業にいっしょに参加してもらいたい、そうした動機で創刊されたのがこの『赤ちゃん学カフェ』です。雑誌というよりカフェでみんながお茶を飲みながらワイワイしあう、そのためのメディアです。どうか、みんなで温かく育てていってくださることをお願いします。

創刊特別企画

赤ちゃんの社会性の発達

人にとってもっとも大切な能力の芽生え

遠藤利彦
(えんどう・としひこ)
東京大学大学院教育学研究科准教授

電車などでお母さんに抱かれた赤ちゃんが隣に座ると、思わず微笑みかけたり話しかけたりしてしまう人も多いのではないでしょうか。言葉が話せないのにもかかわらず、赤ちゃんには、見ず知らずの他人でさえしっかり自分とのコミュニケーションに巻き込んでしまう不思議な力があるようです。ここでは、こうした赤ちゃんの社会性の発達の謎を、「赤ちゃん学」の視点から読み解いていきましょう。創刊特別企画として、遠藤先生にご執筆いただきました。

Ⅰ　ヒトはとても社会的な生き物です。

このエッセイでは、赤ちゃんの社会性がどんなふうにして育っていくのかということについて考えていきたいと思います。しかし、その前に、ちょっと回り道をして、ヒトという生き物が、そもそも、とても社会的な存在であるということを確認しておくことにしましょう。実はヒトは非常に社会的であるからこそ、地球上でこれだけ生きのびてこられたということができ、そして、それだけに、赤ちゃんにとっても、早くからこの社会性を身につけるということが発達的にきわめて大切なことだと言えるのです。

ヒトという生き物の子どもっぽさ

私は初めて生まれたばかりの赤ちゃんを目にした時の驚きを今でも鮮明に覚えています。それは、私がまだ小学生だった頃、生後数日という私のいとこと初対面した時のことなのですが、私はそのしわくちゃで赤ら顔の赤ちゃんが、ちょうど学校の遠足で見てきたばかりの動物園の子ザルにあまりにも似ていたので、しばらく言葉が出ないほどにショックを受けてしまったのです。「えっ、何かのまちがい？」という感じでした。

私のその時の印象は基本的に今でも何も変わっていないのですが、最近、趣味で動物園に足繁く通いながら、それに加わったもう一つの印象は、ヒトもサルも赤ちゃんの頃はとても似ているのに、大人になるとずいぶんと違ってくるということです。それは言い換えると、私たちヒトは、大人になってもなんて子どもっぽいのだろうかという素朴な感想です。

現に、ヒトも含め、サル、チンパンジー、ゴリラといったいわゆる霊長類と言われる生き物の仲間は、赤ちゃんの頃、とても似ているということが知られています。しかし、それぞれの種で、その姿形や行動の性質などについて、赤ちゃんの頃と大人になってからの特徴をいろいろと比較すると、ヒトは、概して、その差が最も小さいのだそうです。つまり、ヒトは、子どもの頃の特徴を多く残したまま発達し成熟するというちょっと変わった特質をもっている種だということです。

こうした特質を専門的には幼形成熟（ネオテニー）と言ったりするのだそうですが、これがなぜヒトに備わったかについてはいろいろなことが議論されているようです。ただ、一つ確実に言えそうなことは、子どもっぽい姿形というよりは、子どもとしての心、ある

いは子どものような心が、ヒトが、進化の舞台において生き残り、適応するのにとてもプラスに働いたのではないかということです。ここで言う子どものような心とは、例えば、警戒心や攻撃性が比較的弱く、人なつっこくて、すぐに仲間とうち解け無邪気にじゃれ合えるような気持ちの性質だと考えておいてください。それでは、なぜ、こうした心の性質が、私たちヒトの進化において、重要な役割を果たしたのでしょうか。実は、このことをよくよく考えていくと、一つのパラドクスに突き当たることになります。

子どもっぽい心の強み

ヒトに高い知性が備わったことに関する一つの仮説として、ヒトは野性的な環境にあった頃、他の生き物を獲物とする勇敢な狩人としてあり、その際の武器や道具の作成も含め、狩りをより効率的に行うことができるように、それが必要となったのではないかという考えがあります。しかし、最近は、実態はむしろその逆だったのではないかということがささやかれ始めています。つまり、ヒトは「狩る人」と言うよりも、本来「狩られる人」だったと言うのです。確かに、ヒトほど身体的に無防備で、また皮下脂肪の多さなども含め栄養的価値のある生き物は少なく、他の生き物にとってはそれこそ恰好の餌食だったのかもしれません。

当のヒトからすれば当たり前のことですが、まんまと猛獣のエサなどにはなりたくはありません。そこで、当然の成り行きとして、それに対抗するような生物学的特徴が、進化の過程で、徐々に私たちヒトにも備わってきたということが考えられます。しかし、ごくごく自然に考えた時に、想定される進化のシナリオは、猛獣と闘って負けないような鋭いキバやツメを備えるようになること、猛獣を威嚇できるような大型の身体を有するに至ること、あるいは猛獣から猛スピードで逃れるための素早い逃げ足をもつようになること、などではないでしょうか。

しかし、現実に私たちヒトに生じてきたのは、およそそれらのこととはほど遠い、子どもの特徴を多く保持したまま大人になるという選択でした。大人になってもなお、弱々しい子どもっぽい身体の特徴が残っているということは、他の生き物からすれば、むしろ、ヒトの獲物としての魅力や価値がますます高まることを意味するはずですから、これは、ある意味、とても不思議なことであり、それこそ大きなパラドクスなのです。ここで考えるべきことは、子どものような心を長くもち続けることで私たちヒトに何が可能になったのかということでしょう。ちょっと考えると、警戒心や攻撃性が弱いままでいるというのは、他の生き物との関係で言えば、一見、不利に思えるかもしれません。しかし、同じ人同士の関係で言えばどうでしょうか。それこそ、他の仲間との関係や集団の和を保ち、常に仲良く協力しながら行動できるようになることを意味するのではないでしょうか。仲間内で常に疑心暗鬼でちょっとしたことで争ってばかりいては、緊密な人間関係や集団を築きようがありません。関係や集団を形成し維持するには、まさに子どものように警戒心や攻撃性が弱い方が圧倒的に有利なわけです。

どんなに猛々しく飢えた獣でも、大きな集団にあえて飛び込んでくるような愚かなまねはまずしないはずです。一人ひとりはどんなに弱くても、相互に気遣いながら緊密な集団をなしていれば、それだけ獣の気配をよりすばやく察知できる確率も高まるでしょうし、声を上げてわめき散らしたり一斉に石を投げたりすることで獣を遠くに追い払うことも可能になるでしょう。つまり、ヒトは、一人ひとりが単独で十分な攻撃や防御をなし得る力と、仲間との関係や集団を高度に築き上げ維持していくための力を天秤にかけた時に、前者の獲得を犠牲にし、むしろそれを幾分すり減らしてでも、後者を優先させる道を選んだと言えるのです。そして、この一人ひとりはひ弱でも仲間を作り集団で行動できるという強さが、ヒトという生き物が、これほどまでに地球という環境に適応し増えることになった、少なくとも一つの大きな要因となっているのかもしれません。

社会性って何？

実のところ、社会性という言葉を、上で見たような集団を作り協力しながら生活しようとする生き物として根本的な性質に対して当てることがあります。そして、そうした意味からすれば、私たちヒトという種は、もともと、まさに豊かな社会性を備えた生き物ということになります。

こうしたヒトの社会性の一端は、私たちに備わっている、いろいろな感情のことを思い浮かべるとよりイメージしやすいかもしれません。例えば、私たちは、誰かがずるをして不当に儲け、そのことで他の人が損をしていたりすると、そのことにすごく憤りを感じ、そのずるしている人を何とかして罰したいような気持ちに駆られるものです。

また、私たちには、時に自分一人だけがトクするような状況が長く続くと、何かすまないという罪悪感を覚え、自分がトクすることにあえて歯止めをかけてしまうようなところもあります。さらに、他の人から何かをしてもらうと感謝の気持ちを感じ、今度は自分が不利を買ってでも必ずお礼をしなくてはならないと強く思うようなこともあります。

よく考えてみればおわかりかもしれませんが、こうした感情は、自分一人の利益や儲けという観点からすると、ほとんどトクにはならないのです。それどころか多くの場合、損を背負い込ませるばかりです。それにもかかわらず、私たちヒトには現にこうした感情が備わっています。それは、まさに、このような感情が、人間関係や集団を形成し維持することにおいて少なか

らず役立っているからに他なりません。私たちは、自分自身の行動も含め、関係や集団の和を乱すようなふるまいにどこかで不快感を覚え、むしろ、そうした和を安定して保てるよう強く動機づけられていると言えるのです。こうした感情に象徴されるように、ヒトは高度に社会的な生き物であり、時に、一人ひとりの目先の利益を犠牲にしてでも、他の人との関係や集団を大切にし、そして、実はそのことを通して、より長期的な意味での適応を実現していこうとする存在なのです。

しかし、私たちヒトという種が全般的に、生き物として高度に社会性を備えているからといって、私たち一人ひとりが、自然に、また一様に、他の人との関係をうまく築き、集団を円滑に維持していけるようになるわけでは当然ありません。そのための力は、赤ちゃんの頃から、それぞれの環境および発達過程の中で、徐々に準備され、育まれていくものであると考えられます。以下では、そうした社会性の発達を、特に赤ちゃんの頃に限定していろいろと見ていくことにしましょう。

ちなみに、以下では社会性を、大まかに、他の人との関係や集団を築き維持するための能力としておきたいと思いますが、そこには、もっと細かないろいろな力も当然、絡んでくるものと思われます。例えば、他の人の意図や感情などを的確に読み取り、自分自身の表情などを巧みに操り調整しながら他の人と円滑にコミュニケーションする力、また他の人を深く思いやったり助けてあげたり一緒に協力して何かを成し遂げたりするための力も必要になるでしょう。ここでは、広くこうしたことに関わるトピックを社会性の発達の問題として捉え、皆さんと一緒に考えていきたいと思います。

Ⅱ　アタッチメントは社会性発達の基盤です。

先に見たように、社会性とは人間関係に関わる一連の能力のことです。当たり前のことかもしれませんが、そうした能力を身につけるためには、どういう形であれ、まずは人間関係の中に身を置かなくてはなりません。つまり、社会性の発達は、誰か他の人との親密な関係を築くところから出発するのです。実は、私たちには生まれつき、他の人にくっつきたい、くっついていたいという強い欲求が備わっていることが知られています。それを心理学ではアタッチメントあるいは愛着と言ったりするのですが、ここでは、それがなぜ大切で、どのように成り立ってくるのかについて考えてみたいと思います。

くっつこうとすることと安心感

アタッチメントとは、本来、例えばおっぱいが欲しくてそれをもらうためにお母さんにくっつくようになるというように、何か他の目的のための手段として、そうすることが必要になるというものではありません。何かをしてもらえようがもらえまいが関係なく、それ自体を目的として、とにかくくっつきたいからくっつくという性質をもったものです。それは、お腹が空いた時に食べたい、のどが渇いた時に飲みたい、と同じような意味で、私たちにとって最も基本的な欲求の一つなのです。そして、これは私たちヒトだけではなく、動物や鳥など、広くいろいろな生き物にも存在していることが知られています。

例えば、よくテレビなどで、カルガモの親子が隊列をなしてかわいらしく歩き回る光景を見ることがあるかもしれません。それは見ていてとても微笑ましいわけですが、実はあれもアタッチメントの一例で、ヒナ鳥は親鳥の後をひたすらついて回ろうとします。その行動は、親鳥がエサをくれようがくれまいが関係なしに生じてきます。つまり、ヒナ鳥は、エサをもらうなど、何かの他の目的のためにではなく、まさにくっつくことそれ自体を目的としてくっつこうとするわけです。実は、もう少し厳密に言えば、その後追い行動は、卵からかえって最初に目にした動くものにくっついていこうとする鳥の習性の現れで、くっついて回る対象は特に親である必要はありません。したがって、たまたま最初に目にしたものが人だったりすると、そのヒナ鳥は、その人の後をひたすらくっついて回ることになります。しかし、よほどのことがない限り、ヒナ鳥が卵から初めて顔を出した時に目にするのは親鳥ということになりますから、ほとんどの場合、そこから親子の絆が始まることになるわけです。

このアタッチメントの欲求は、特に恐れや不安などの感情が生じた時に高まる傾向があります。遊園地に行って夢中で遊んでいた子どもでも、自分が迷子になったと知れば急に怖くなって、ただただ泣きわめき、ひたすらお母さんやお父さんなどの姿を探そうとします。その後は、どんなに魅力的な乗り物を見つけても、どんなに人気のキャラクターが話しかけてくれても、もうどうしようもありません。特に小さな子どもの頃は、アタッチメントの欲求は他のどんな欲求にもまさるものであり、ひとたび、それが生じると、子どもは何とか他の誰かに(多くの場合は親に)くっつき安心感を得ようとするのです。

子育ての基本は「安全の環」

発達心理学の一つの立場に、乳幼児期に、どれだけこのアタッチメントをちゃんと経験することができたか、もう少し具体的に言えば、初めてのものを目にしたり、一人になったり、身体の調子が悪かったりなどして、恐れや不安などを経験した時に、養育者などの特定の人にしっかりとくっつくことができ、またその人からその崩れた感情をうまく立て直してもらうことができたかどうかによって、子どものその後の人間関係も含めた社会性や性格の発達が少なからず左右されるという考え方があります。アタッチメントをきっちりと経験することができれば、子どもは自分が他の人から必ずまもってもらえるとい

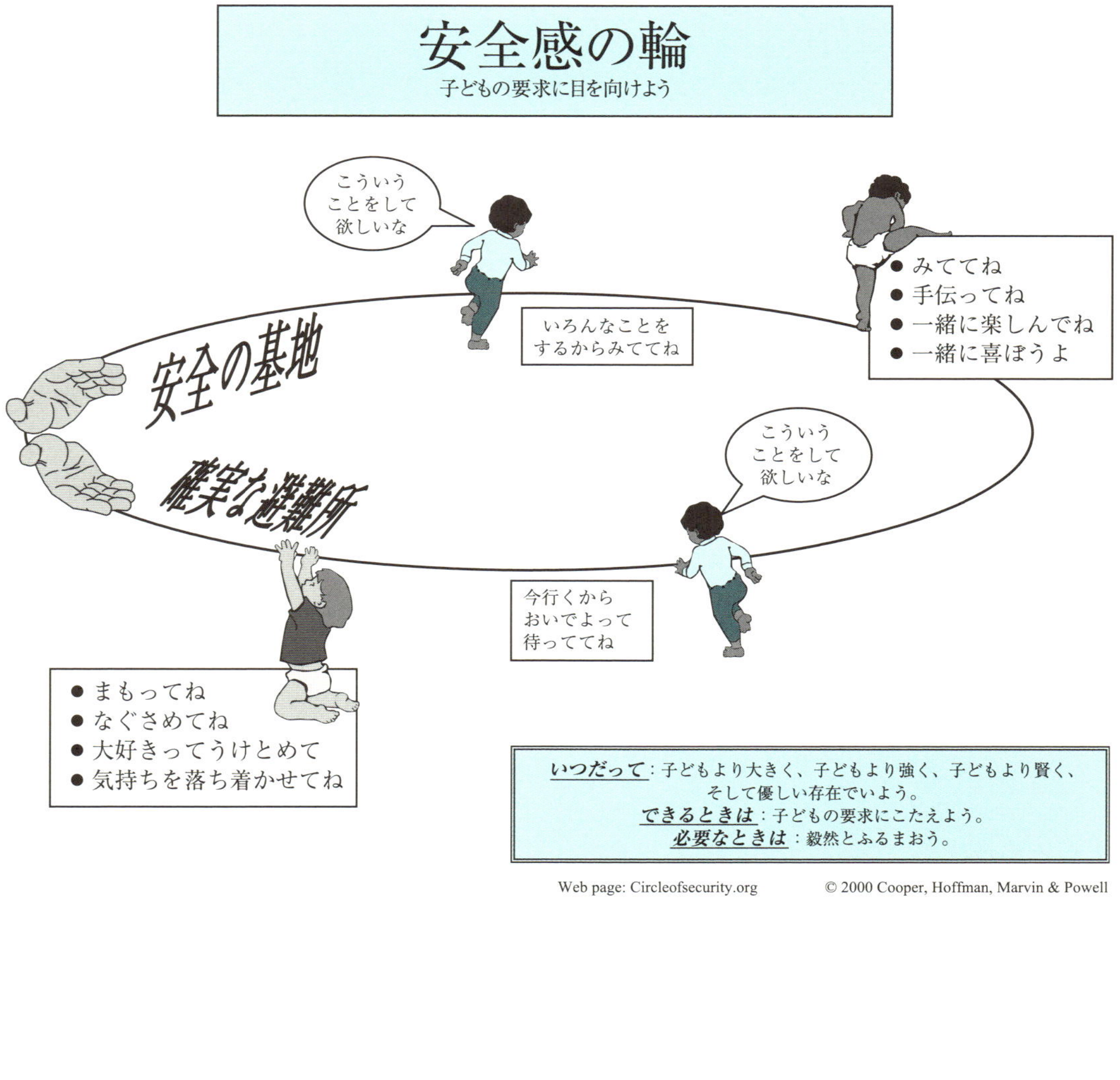
安全感の輪
子どもの要求に目を向けよう
こういうことをして欲しいな
いろんなことをするからみててね
● みててね
● 手伝ってね
● 一緒に楽しんでね
● 一緒に喜ぼうよ
安全の基地
確実な避難所
こういうことをして欲しいな
今行くからおいでよって待っててね
● まもってね
● なぐさめてね
● 大好きってうけとめて
● 気持ちを落ち着かせてね
いつだって：子どもより大きく、子どもより強く、子どもより賢く、そして優しい存在でいよう。
できるときは：子どもの要求にこたえよう。
必要なときは：毅然とふるまおう。
Web page: Circleofsecurity.org
© 2000 Cooper, Hoffman, Marvin & Powell

う感覚をもつことができるでしょうし、また、自分をまもってくれる他の人に対して強い信頼感をいだくこともできるようになるでしょう。そして、こうした自分や他の人に対する信頼の気持ちは、親のみならず、他のいろいろな人との関係においても、とても重要な意味をもち続けることになります。当たり前のことですが、自分や他の人を信頼できている方が、そうでない場合よりも、さまざまな人との間で、より深く固い関係の絆を築きやすくなるのです。

こうした考え方によれば、お母さんやお父さんなどの養育者は、小さな子どもにとって常に安全な基地あるいは確実な避難所としてあるべきだと言います。つまり、子どもは特に感情の崩れがなく落ち着いている時には、養育者を安全な基地として、それを拠点に活動の範囲を広げ、いろいろなことにチャレンジしながら安心して楽しく遊ぶことができます。また、小さな子どもにとっては遊びと学びはまさに表裏一体ですから、安全な基地がしっかりしていれば、子どもは自然と自立的に学ぶこともできるということになります。

しかし、その冒険のような活動の最中に、遊び疲れたり、何かにぶつかって痛い思いをしたり、自分の思い通りに遊びができなかったりなどして、恐れや不安というような形で感情が崩れ始めると、子どもは今度は、そこに行けば必ず慰めてもらえるはずの養育者という確実な避難所に猛スピードで逃げ込もうとするのです。そして、そこで養育者にしっかりとくっつき感情の燃料補給をして安心感を取り戻すと、再び、養育者を安全な基地として、勇敢に子どもは世界へと出て行こうとします。

小さな子どもの日常は、まさにこうしたことの繰り返しだと言えます。ある人は、こうした繰り返しのあり様を「安全の環」と呼び、子育ての基本は特に難しいことではなく、この「安全の環」をごく普通に子どもに経験させてあげることなのだとしています。参考までに、それを図に示したものを載せておきたいと思いますが、ちょっとそこで注意していただきたいのは、基地や避難所は基本的にはどっしりと構えてあまり動かないものだということです。つまり、養育者の子どもに対する関わり方は、必ずしもいつも子どもの後を心配してついて回るようなものではなく、子どもの自立的な活動を背後から温かく見守り、子どもの方が何かサインを出してきたり、怖くて駆け込んできたりした時には最大限、しっかりと慰めてあげるようなものであるべきだということです。おそらく多くのお母さんやお父さん方は、知らず知らずのうちに普通にこうしたことを実践されているのだと思いますが、時々は、この図を見て、子育ての基本的な姿勢を確認してみるとよいかもしれません。

ヒトの赤ちゃんの変わった事情

ここまではアタッチメントについての基本的な考え

方を示してきたわけですが、「あれ、ちょっとおかしい」と感じた方もいらっしゃるかもしれません。というのは、自分から誰かにくっつこうとすることがアタッチメントだとすると、まだ歩いたりハイハイしたりして自分で動けるようになっていない子どもについては、原理的に、アタッチメントそのものが成り立たないことになってしまうからです。そうした意味では、上で述べたことは主に、自分一人である程度、移動ができるようになった子どもに当てはまることだと考えていただいた方がよいかもしれません。

もちろん、実際のところ、アタッチメントの意味は、自分からはまだ動けない赤ちゃんにおいてもまったく揺らぐことはなく、むしろより重要性が高いと言った方が正しいのでしょう。ただし、こうした早期段階のアタッチメントは、子どもが自分からはくっつけないわけですから、当然、子どものことにいろいろと気を配ってくれる他者、多くの場合はお母さんやお父さんなどの養育者の存在を絶対的な前提として、その他者からくっついてもらって初めて成り立つという性質をもつことになります。

考えてみればヒトの赤ちゃんほど、手のかかる存在は他にあまりないと言えるかもしれません。一般的に、生き物としての進化が進めば進むほど、その赤ちゃんは、長くお母さんのお腹の中にいて、生まれてすぐに自立的にいろいろと活動ができるくらい、完成体に近い状態で生まれてくると言われています。ヒトが地球上で最も高等な生き物かどうかはわかりませんが、他のいろいろな生き物における常識に基づいて計算をすると、一説には、ヒトの赤ちゃんは、本来、お母さんのお腹の中に21カ月間くらいいて、それからもっと成熟した状態で生まれてきてもおかしくはないのだそうです。しかし、実際、ヒトの赤ちゃんは、その半分以下で早々とお母さんのお腹から出てきてしまいます。この原因が何なのか、いろいろと議論はあるようなのですが、少なくともその一因としては、直立歩行によって骨盤の構造が大きく変化し、赤ちゃんが生まれてくる産道というトンネルが、とても狭くなったということがあるようです。赤ちゃんが、お腹の中で大きくなりすぎると、自然分娩では、そのトンネルを通ってこられなくなってしまうため、小さく未熟な状態で生まれてこざるを得なくなったというわけです。

そうした特殊な事情で、ヒトの赤ちゃんの自立的に行動する力はとても限られたものになっています。移動能力が乏しいだけではなく、例えば栄養をとることにおいてもお母さんにおっぱいを差し出してもらわない限り、それは不可能ですし、体温を維持することにおいても、裸ん坊である上に自分でふるえて熱を作り出すことさえできないわけですから、誰かに抱っこして温めてもらわない限り、すぐにでも冷たくなってしまいます。

実はこれらに加えて、ヒトの赤ちゃんにはもう一つとても厄介な特徴があるのです。それは、未熟な割に

は、分厚い皮下脂肪に覆われて体重がとても重いということです。ヒトの新生児の平均体重は、ゴリラの新生児のそれと比べて一・五倍以上にもなると言いますから驚きです。このことを母子の関係に当てはめて考えてみれば、ゴリラでは大きくてがっしりしたお母さんが軽くてより成熟した状態の赤ちゃんの世話をすればよいのに対し、ヒトでは小さくてか細いお母さんが重くてより未熟な状態の赤ちゃんの世話をしなければならないということになります。

こうした一連のことから言えることは、ヒトにおいては、養育者側の子育ての負担が、他の生き物の場合に比して、圧倒的に重くなっているということです。それは、子どもの側から言えば、ほとんど四六時中、自分に注意を向け、手厚く保護や世話をしてくれる養育者がいてくれるからこそ辛うじて生き延びていけるということを意味しています。そして、これに関連して言えば、ヒトにおいては、子育ての負担があまりにも重くなったために、母親だけではとうてい、それを一人でやりこなすことができなくなり、それをサポートしてくれる者としての父親やおばあさんなどの存在が際立って重要になったということも指摘されています。いずれにしても、ヒトの赤ちゃんにおけるアタッチメントあるいは他の人との親密な社会的関係は、まさに、お母さんなどの養育者にほぼ全面的に依存する形で、そしてまた、その養育者を直接、間接にいろいろと手助けしてくれる多くの人に囲まれて、初めて形成されてくるのだと言ってよいのかもしれません。

ヒトの赤ちゃんはくっついてもらうことの天才

ここまで見てくると、ヒトの赤ちゃんはただただ手がかかる弱々しい存在で、自分の方からは何もアタッチメントの形成に関われないように思えてしまうかもしれません。しかし、それは必ずしも的を射た見方ではありません。確かに、他の人からくっついてもらわなければアタッチメントが成り立たないことは事実ですが、ヒトの赤ちゃんには、そのくっついてもらうためのさまざまな特徴が備わっていると言えるのです。多少オーバーな言い方かもしれませんが、赤ちゃんは、

もちろん必ずしも意図してそうしているわけではないのですが、他の人の気を引き、他の人からくっついてもらうということにおいてまさに天才的な力をもっていると言えるのです。

そうした特徴の一つとしてよく言われることは、赤ちゃん独特の姿形あるいは動きそのものが、私たち大人にとって、無条件的に魅力的であるということです。おでこが広くあごが狭いその顔立ち、大人に比べて顔のより真ん中の方に位置しており、大きくてつぶらなで黒目がちな目、張りがあってやわらかそうな皮膚、短くてずんぐりむっくりとした手足、またそのぎこちない動きなど、すべてが思わず「かわいらしい」と声を上げたくなってしまうほど、大人にとっては特別なものなのであり、私たちはそうした特徴に接すると、つい近づいて、抱き上げたりあやしたりしたくなってしまうのです。その魅力がどれくらい強力であるかは、ミッキーマウスやくまのプーさんなどの人気キャラクターがほぼ一様に、こうした赤ちゃんらしい特徴の多くを、より誇張した形で備えていることからうかがえるかと思います。そうしたキャラクターは、私たちの気を引くように私たちから好まれるように、どんどんと赤ちゃんっぽくなるよう作られてきたと言えるのです。

もっとも、こうした赤ちゃんの特徴は、赤ちゃん自身が何か行動を起こして他の人に働きかけるという性質のものではありません。しかし、赤ちゃんには、行動として他の人を引きつけるような特徴もいろいろと備わっていると言えます。そして、それらは、赤ちゃんが端から社会的な存在として生まれついていることをある意味、とてもはっきりと示すものと言えるかもしれません。

例えば、赤ちゃんは、生まれて間もない頃から、人の顔やその表情あるいは身体の動きや発声など、人が発するさまざまな刺激に対して、特別な関心を示すということが知られています。そして、関心を示せば、当然のことですが、人の顔に、また声の聞こえる方に自然と視線を向けていくことになります。もし、私たちが赤ちゃんに、そのつぶらな瞳でじっと見つめられたりでもしたら、また私たちの動きに合わせて視線を動かされでもしたら、通常、ただではおけない気持ちになるのではないでしょうか。養育者ならば、なおさらのことです。赤ちゃんが何か自分に訴えかけているように思い、つい、赤ちゃんをじっと見つめ、声を上げ、くっついたり抱き上げたりすることになるでしょう。

また、赤ちゃんは出生直後から、顔や声を通して実にさまざまな感情を表現します。実のところ、最近の研究によれば、赤ちゃんの表情はまだ、必ずしも正確に赤ちゃんの心の状態を映す鏡にはなっていない可能性があるのだそうです。全部が全部、でたらめというわけではもちろんありませんが、赤ちゃんはけっこう気まぐれにいろいろな顔を見せ、また声を発する存在のようなのです。しかし、たとえ実態としては感情そのものではなく、あくまでも感情らしきものでしかないとしても、それを目にし、耳にした私たち大人は、そこから、視線以上にいろいろなメッセージを受け取ってしまうのかもしれません。もしかすると、それは少なからず勝手な思いこみなのかもしれませんが、「気持ちよさそう」「機嫌悪そう」「おっぱいちょうだいってむずがっている」「早く来て抱っこしてって言ってる」などと赤ちゃんの気持ちをいろいろと推し量りながら、結果的には赤ちゃんに近づき、何かをしてしまっているというところがあるのでしょう。

さらに、赤ちゃんには、早くから、周りにいる他の人のまねをしたり、その人の動きや発声にタイミングよく、またリズミカルに調子を合わせたりする傾向があるということも明らかにされています。現に経験されたことのある方もいらっしゃるかもしれませんが、例えば、赤ちゃんに向かって舌を突き出すと、時たま、赤ちゃんもそれに応じて舌を突き出してくるようなことがあります。実のところ、この舌出しの現象については、本当はものまねということではなく、まだ手を伸ばして反応できない赤ちゃんにおける、何か刺激を見せられた際の何でもかんでも舌を出して反応する傾向の現れにすぎないという見方も一部にはあります。しかし、その様子に接した当事者からすれば、そんなことは何も関係がないでしょう。その実態がどうであれ、赤ちゃんが自分の行動に同じように応答してくれているわけですから、そこにたまらなくいとしいという感情が生まれても何の不思議もないように思います。それは厳密には、少なからず私たちの錯覚というところもあるのかもしれませんが、私たちは知らず知らずのうちに、赤ちゃんを自分たちに対して何かコミュニケーションしようとする特別な存在として思うようになり、そして現に赤ちゃんとのやりとりの中にどんどんと引き込まれていくようなところがあるのでしょう。

以上、見てきたように、赤ちゃんには、私たち大人の気持ちを引きつけてやまない、魅力的な特徴がたくさん備わっていると言えます。ただ、このことは見方を換えれば、私たち大人にも、なぜだかそうした特徴を好ましく感じ、敏感にとらえ、それらにかなりのところ適切に反応してしまえるような仕組みがもともと存在しているということを意味しています。特に、私たち大人には、赤ちゃんの何気ない動きや発声にも、つい、時にはやや過剰に、なにがしかの心の状態を読み取り、それに基づいていろいろと働きかけてしまうようなところがあるのです。機械的にではなく、多くの場合、そこに心というものを絡めて、やりとりしようとする傾向、それが、ヒト本来の子育ての形なのかもしれません。

長い進化の過程は、親子がしっかりとアタッチメントあるいは社会的な絆を築けるように、赤ちゃんと大人の両方にそのための仕掛けを準備してくれたのだと言えるでしょう。

Column

1 赤ちゃんが好む声・好きな顔

本文中でヒトの赤ちゃんはとても早くから、同じヒトの声や顔を好む傾向があるということを述べましたが、そうした声や顔の中でも、とりわけ、お気に入りのものがあるようです。子どもの音声に対する反応は、だいたい胎児期の22～24週くらいからすでに始まっていると言われています。外界のいろいろな音は、もちろん羊水を通してということにはなりますが、子宮の中にもけっこう届くそうで、胎児は、心臓や内臓が立てる音など、胎内環境のさまざまな音も含めて、かなりうるさい中で、成長するようです。しかし、そうしたいろいろな音の中でも、特により鮮明に伝わるのは、お母さんの声だということです。お母さんのお腹にいる頃からお母さんの声の特徴や話し方に頻繁に接しているため、赤ちゃんは、生まれた直後から、お母さんの声と他の女の人の声をしっかりと聞き分けることができ、そしてお母さんの声の方を好んで聞こうとする傾向があるということがさまざまな実験で確かめられています。また、こうした傾向のある意味、必然的な結果とも言えるのですが、赤ちゃんは母国語と外国語を比べて、母国語の方を好んで聞くということも知られています。例えば日本人の赤ちゃんならば、そのお母さんが話すことばは当然、日本語ということになりますので、胎児期のうちから慣れ親しんだ日本語の特徴に、赤ちゃんの関心は自然と向けられることになるのです。

顔の好みについては、胎児期からそれを経験できる音声とは少し事情が異なるようです。当然、顔についてはこの世に産声を上げてから、初めてそれを目にすることになるわけですが、生まれてすぐの子どもでも、人の顔に強い関心を示すようです。しかし、一説では、実際に早い段階の赤ちゃんが関心を示すのは、どうも顔そのものというよりはある特定の形の特徴なのではないかという話もあります。例えば、縦長の楕円形を上下に分けて、上の方にいろいろなものを多く描き込み、下の方にはあまり描かないと、たとえ、それが顔のようには見えなくとも、赤ちゃんはそうした（上の方の密度が高い）形を好んで見るのだそうです。逆に、上の方には何もなく、下の方だけにこぢんまりと二つの目と一つの口が描き込まれているような形にはあまり関心を払わないということです。これが本当かどうかについては議論があるのですが、仮に本当だとしても、赤ちゃんの日常的な環境を考えると、その好みの形に一番近くて、しかもたくさんあるのは結局のところ、人の顔ということになりますので、赤ちゃんは自然にそれに注意を払い、それを見る経験を積んでいくことになります。

そうした中で、通常、最も頻繁に目にすることになるのは、主たる養育者であるお母さんの顔ということになりますので、少なくとも発達の初期には、お母さんの顔をより好んで見る傾向があるようです。また、お母さんが女性ということからくることなのでしょうが、赤ちゃんにとって初めての顔を見るような場合でも、男性の顔よりも女性の顔を長くじっと見る傾向があるということも知られています。ちなみに、お父さんの顔を他の男性の顔よりも好んで見る傾向があるかというと、生後4カ月くらいの赤ちゃんでも、一般的には特にそうした傾向を示さないということです。お父さんの顔をちゃんと認識できるようになるのはもう少し後になってからのようです。これには、多くのお父さんが、お母さんに比べるとあまり赤ちゃんに顔を見せていないということが関係しているのでしょうか。

また、私たち大人では、いろいろな人の顔写真をたくさん重ねて「平均的な顔」を作ると、それをより好ましく魅力的であると感じる傾向があることが知られているのですが、同じことは、赤ちゃんにもおおかた当てはまるということです。もっとも、大人と赤ちゃんの顔の好みにまったく違いがないわけでもないらしく、赤ちゃんは、大人に比べて、目の位置が高く、あごが比較的大きい顔を好むというデータがあります。実はこうした顔の特徴はより大人っぽい顔つきを示すものですから、赤ちゃんは自然と自分を保護してくれる大人に興味をもつようになっているのだと言えるのかもしれません。逆に私たち大人には、本文中でも触れたように、おでこが広く目の位置が低い顔、すなわちより赤ちゃんらしい顔つきを好む傾向が備わっています。このように赤ちゃんはより大人っぽい顔を好み、大人はより赤ちゃんっぽい顔を好むわけですから、二人の間には、自然とアタッチメントあるいは親密な関係が生じやすくなると言えるのかもしれません。進化は、本当に絶妙な仕組みを、私たちに組み込んでくれたものです。

Ⅲ　赤ちゃんは感情を通していろいろなことを伝えます。

言うまでもないことですが、まだことばを発しない赤ちゃんにとって、感情は、他の人とやりとりする際に欠かせない道具と言えるものです。赤ちゃんは感情を通して、他の人にいろいろなことを伝えようとします。あるいは、他の人の感情に敏感に反応して、また自らも感情で伝え返そうとします。そうした意味で、感情は「社会性の要」と言っても過言ではないかもしれません。ここでは、生まれてから2~3年間における感情の発達について見てみることにしましょう。

生後1年目（0歳代）での感情の発達

先ほどは、生まれて間もない頃からすでに「感情らしきもの」がいろいろと存在していて、大人はそれに巻き込まれて、赤ちゃんに関わることになるのだという話をしました。ここでは、その「らしきもの」というよりも、感情そのものがいつ頃からどんな形で現れてくるのかということについて考えてみたいと思います。

生まれたばかりの赤ちゃんでも、口元をゆるめたりゆがめたり、目を大きく見開いたり閉じたり、眉を上げたり下げたりと、実にいろいろな顔つきを見せてくれます。そして、その中には、何がうれしいんだろうとか、何が嫌なんだろうとか、一人でさびしかったのかなとか、私たちに、確かな感情の存在を感じさせてくれるようなものもあります。しかし、最近の研究によれば、よくよく赤ちゃんの様子を観察してみると、その感情らしき表情を何が引き起こしたのか、その出来事がほとんど見あたらないといったことも多々あるのだそうです。また、今うれしそうな表情を浮かべたと思えばその直後には嫌そうな顔をしたり、ちょっと怒っているような顔つきをしたりと、短時間にめまぐるしくいろいろな表情が入れ替わるようなことも少なくはないのだそうです。そうしたことから、最近では、赤ちゃんの表情の裏側に、それに明確に対応する感情が存在しているとは必ずしも言えないのではないかという考え方が一般的になってきているわけです。

もちろん、生後直後から、確実にあるだろうと言われている感情もあります。それは何かに満ち足りているような「快の感情」と、何かに苦痛を感じているような「不快の感情」です。それと、感情と言うとあまりピンとこないかもしれませんが、何かにじっと夢中になっているような「興味」もすでに生後間もない頃から存在していると言われています。感情の発達に関する一つの有力な考え方は、これら三種類の感情から、少しずつが枝分かれするような形で他の感情が徐々に生じてくるのではないかというものです。

それによると生後2～3カ月頃には、「喜び」が、人の顔などの赤ちゃんが慣れ親しんだものと接触することと結びついて生じてくると言います。また、時をほぼ同じくして、例えば、お母さんとのやりとりが中断された時などには、「悲しみ」という感情も見られるようになるようです。さらに、何か口の中に苦いもの、固いものを入れた時など、それらを吐き出そうとすることと結びついて、「嫌悪」の感情も認められるようになると言います。

生後4～6カ月くらいになると今度は、「怒り」の感情が、例えば赤ちゃんの腕や足の自発的な動きを無理に抑え込んだりした時に、はっきりと見られるようになってきます。それまでは、同じような状況でも、赤ちゃんはただ不快なあるいは悲しそうな表情をするだけなのですが、これくらいの時期になると、その腕や足を抑えつけている人の顔をちょっとにらみつけるかのように怒りを表すようになるのだそうです。「恐れ」は一般的に、怒りよりも少し遅れて現れてくるようです。例えば、人見知りということばで知られていますが、生後半年あたりから、多くの赤ちゃんで、見知らぬ人に対しておびえ、少し後ずさるような行動が顕著に認められるようになります。「驚き」もまた、生後6カ月前後までに現れるとされており、それは、赤ちゃんがいだいている期待や見通しが裏切られたような時、例えば、お母さんが映ったビデオから違う人の声が突然聞こえてきたりした時などに生じるということが知られています。

このように生後一年目、それも半年前後までに、かなり基本的な感情が出そろうと言ってもいいでしょう。そして、ひとたび、こうした感情のレパートリーを備えると、赤ちゃんは、これらを徐々に意図的に人とのコミュニケーションにも用い始めるようです。もちろん、生まれたばかりの頃からすでに感情は人とのコミュニケーションに現に役立っていると言えるわけですが、それはどちらかと言うと、周りの大人が、それに敏感に反応して成り立っているという意味合いが強いように思われます。それに対して、少し成長が進んでくると、今度は、赤ちゃんの方から感情を人に伝えようとして、コミュニケーションが成り立つようになってくるのです。

生後1年目ではまだ、さすがに、うそ泣きや作り笑いのようなことはほとんどないわけですが、同じように泣くにしても笑うにしても、そこに人がいるかどうか、あるいはその人が何をしてくれるかどうかで、その表し方は、かなり大きく違ったものになってきます。例えば、お気に入りのオモチャで夢中になって遊んでいるような時に、周りにお母さんなりお父さんなりが

いるとわかると、1歳前の赤ちゃんでも、すごくにこやかな表情をしたり、うれしそうな声を上げたりするわけですが、誰も見ていないとなると、そうした感情の表現は明らかに少なくなります。また、お母さんから抱っこされ十分に慰めてもらって、もう泣きやんでもいいはずなのに、いわゆる「そばえ泣き」あるいは「甘え泣き」のように、ちょっとぐずぐずと泣きを続けるようこともあります。こうした例は、まさに、赤ちゃんが、人との関係を築いたり維持したりするために、感情を部分的に使い始めているということの一つの証拠だと見ることができるでしょう。

移動能力の高まりと感情経験の多様化

　ちなみに生後1年目における感情の発達には、ハイハイや歩行などの移動能力の飛躍的な進歩も重要な意味をもっているようです。というのは一つには、あちこち動き回るようになると、赤ちゃんは身体のバランスを崩したり、つまずいたりこけたりして、それまでになくいろいろな痛い目や怖い目にあうようになるからです。そして、そうした経験の蓄積は、しばしば、同じものや出来事に対する感情反応を大きく変えることにつながります。例えば、生後2カ月くらいでは、赤ちゃんをテーブルの上など、高いところにおいて、下の床をのぞき込ませるようにすると、赤ちゃんはもっぱら興味だけを示すのですが、これが、生後9カ月くらいになると恐れの反応に変わるというようなことがあるのです。段差などでつまずいた経験から深さは怖いものだということを赤ちゃんは悟るわけです。また、移動能力の高まりは、活動の範囲や活動の内容の広がりをもたらすことになりますので、それに伴って、興味や喜びといった感情が増すということも考えられますし、それと同時に、自分の思い通りにならないようなことも増え、結果として、怒りや恐れといった感情を経験する機会も多くなることが想定されます。

　また、赤ちゃんがまだ動き回れない段階では、養育者は一般的に、怒りのような否定的な感情を赤ちゃんに向けてあまり表すことがないのですが、ひとたび赤ちゃんの移動が始まると、その様子が一変するということが知られています。あちこち動き回る赤ちゃんは、どこでこけるか、また何をさわって口にするか、養育者にとっては本当に気が気でありません。当然、こうした赤ちゃんの危険を察知すると、どなったり叱ったりすることになります。しかし、当の赤ちゃんからすれば、それはとてもびっくりすることかもしれません。あるいは、自分のやりたいことが止められてしまう、すごく不快なことかもしれません。そうして、そこには多かれ少なかれ親子の衝突が生じやすくなってきます。そして、赤ちゃんはそこでしゅんとしたり、悲しくて泣いたり、怒って抗議したりと、さらにいろいろな感情の勉強をすることになるのです。

　いずれにしても、ハイハイや歩行の開始は、プラス、マイナス両方の意味で赤ちゃんの感情経験をとても濃密なものにするということが言えるかもしれません。

さらにもう一つつけ加えて言えば、当たり前のことではあるのですが、移動能力が高まると、赤ちゃんと養育者との間により大きな距離が生じるようになります。それは、赤ちゃんがよりはっきりとした感情の表現をしないと、養育者にはうまく伝わらず、養育者から思い通りのことをしてもらいにくくなるということを意味します。離れたところで漠然と不快や苦痛を示しても、必ずしもその現場を見ていない養育者には、赤ちゃんの身に何が降りかかったのか、よくわからないことも多くなるでしょう。つまり、そこで、赤ちゃんは、自分の感情をちゃんと伝達する必要に迫られることになり、それがまた、感情の発達にますます拍車をかけることになるのだと考えられます。

生後2年目（1歳代）以降での感情の発達

上で見たように、基本的な感情の代表的なものはもう生後1年目のうちに現れて、しっかりと働いていると言えるわけですが、生後2年目以降になると、もう少し複雑な感情が生じてくるようです。だいたい1歳半くらいから、少しずつ、ちょっと何かに照れたり、うらやましそうにしたりする様子が認められるようになるのです。実は、こうした感情は、より社会的な性格をもった感情だと言えるのかもしれません。というのは、ほぼ常に、何らかの形で、自分と他の人との関係に絡むものだと言えるからです。例えば、照れるというのは、他の人から自分が注目されているということに気づく中から生まれてくるものですし、うらやましいと感じるのも、自分にはないものを他の人がもっていると意識する中から生じてくるものだと言えるでしょう。別の言い方をすれば、これらの感情は、赤ちゃんが他の人から自分がどう見られているか、あるいは他の人と比べて自分はどうなのかという、自分自身に対する意識や認識をもてるようになって、初めて、生まれてくる感情だということです。

この自分自身に対する意識や認識というものを、赤ちゃんがいつ頃からもてるようになるのかということについて、心理学ではよくおもしろい実験をします。まず、赤ちゃんの鼻の頭やおでこにこっそりと赤ちゃんに気づかれないようにシールを貼っておいたり、赤い口紅を塗っておいたりします。それから、赤ちゃんを鏡の前に連れていって、鏡に映った自分の姿を赤ちゃんに見せるのです。もし、赤ちゃんが、自分自身はこんな姿形だということをすでに知っているとすれば、そこにつけられたシールや口紅は、本来の自分にはないものだとすぐに判断できるはずです。そして、それに手をのばして、取ったり拭いたりしようとすることが考えられます。

実際にこうした実験を行って調べてみると、現に、赤ちゃんがこういう行動をするようになるのはだいたい1歳半くらいからで、それは、日常生活の中で照れ

たりうらやましがったりする様子が見られるようになる時期とほぼ一致しているのだそうです。ある研究では、もっと直接的に、鏡の課題ができた子どもと、まだできない子どもとに分けて、どちらで、照れる行動がより多く観察されるのかを調べています。それによれば、鏡の課題ができたお子さん、つまりは自分自身の特徴を理解し、自分自身への意識をすでにもち始めていると考えられる子どもの方で、圧倒的に多く、人前で、特に誰かからほめられた時などに、照れるという様子が見られたということです。

このように、生後2年目には、ある程度、自分自身に対する意識が生じ始めるのと同時に、それに深く関係するいくつかの感情が現れてくると言えるわけですが、この段階の自分への意識には、まだ、他の人が自分のことを「いい」と思って見ているのか、あるいは「悪い」と思って見ているのかといったことについての関心があまり含まれていないと言えるのかもしれません。一般的に、他の人の立場、場合によっては社会的な常識や規則などから、自分が、あるいは自分のしたことが「いい、悪い」といったことにとても敏感になるのは、生後3年目（2歳代）に入ってからだと言われています。そして、これに伴って、子どもには、何かができなくて恥ずかしい思いとか、逆にうまくできてとても誇らしい気持ちとか、あるいは誰かに悪いことをしてしまったという罪の意識とかがはっきりと現れてくるのだそうです。

例えば、子どものトイレット・トレーニング中の様子などを考えてみると、こうした感情の出現をよりリアルに思い描くことができるかもしれません。トイレまで我慢しきれずに途中でおもらししてしまった時の何とも言えないような気まずい表情、逆に自分一人でうまく用が足せた時の誇らしげな表情などは、まさに子どもが、何がよくて何が悪いのか、あるいは何が望ましくて何がそうでないのかといったことを理解し、それによって自分の行動を評価するようになったということの一つの現れだと考えることができるでしょう。また、子どもにひとたびこうした感情が備わると、養育者の方も、それらをうまく使ってしつけをするようになると言えるかもしれません。「～ちゃん、もう赤ちゃんじゃないのに、おっぱい欲しいって言って、ちょっと恥ずかしくないかな」とか「～ちゃんはもうおにいちゃんだから、お母さんの言うこと、ちゃんときけるもんね、えらいね」とか「～ちゃん、そんなに強くぬいぐるみをたたいたら、ぬいぐるみがいたいいたいって泣いちゃうよ、かわいそうだよね」などと、子どもの感情に巧みに訴えながら、社会性も含めた子どもの発達を促すようになるのだと考えられます。これくらいのお子さんをすでにおもちのお母さんやお父さんならば、きっと強く実感されるのではないでしょうか。

ここまで、赤ちゃんの感情の発達について一通り見てきたわけですが、実はここで触れてきたのは一つの考え方にすぎません。研究者の中にも、例えば、怒りはもうすでに生後2カ月からちゃんとあると主張している人もいますし、恥じらいや得意げな様子は生後7カ月くらいから見られるはずだと言う人もいます。赤ちゃんが本当のところ、心の中でどう感じているかということを私たちはほとんどの場合、十分に知ることができないわけですから、これはある意味、無理からぬことなのかもしれません。感情に限らず、赤ちゃんの日々の微妙な変化というものは、研究者にはとても見えにくいものです。もし、これをお読みのお母さん、お父さんが、ご自分の赤ちゃんを注意深く観察し、そこから、いろいろと教えてくだされば、本当にありがたいことです。

Ⅳ 赤ちゃんは早くから人の気持ちに敏感です。

Ⅲでは赤ちゃんがコミュニケーションの道具としての感情をどのように備えるようになるかということについて見てきたわけですが、赤ちゃんが一方的に感情を表現するだけでは、本当の意味でのコミュニケーションにはなりません。本当のコミュニケーションは当然、双方向的なものでなくてはならず、それが成り立つためには、赤ちゃんが自分の気持ちをただ他の人に伝えようとするだけではなく、他の人から、いろいろな働きかけを受けて、その背後にある気持ちを読み取ることもまた必要になります。ここでは、そうした他の人の気持ちの理解がどのようにして成り立ってくるのかについて考えてみたいと思います。

「心の窓」としての目

「目は口ほどにものを言う」ということわざを聞かれたことがあるかもしれません。実は私たちのコミュニケーションにおいて目はなくてはならないものなのです。目というと通常、私たちは、何かを「見るための装置」であると考えがちかもしれませんが、実は、それは誰かの目によって「見られるための装置」あるいは誰かに「見せるための装置」にもなっていると考えることができるのです。

二人の人がいて、一人が言葉で指示を出し、もう一人がそれに合わせて組み立てなどの作業をしなければ

ならないような時、お互いの顔が見えないようにしてしまうと、その作業はすごく時間がかかり、しかも、うまくいかなくなることが圧倒的に多いのだそうです。ふつう、顔の見える状況では、指示する側から特に指さしがないような場合でも、指示される側は、その人の目がどこに向けられているか、その視線を追うことによって、その人がその指示を具体的に「何について」向けているかを読み取ることができます。また、指示する側も、指示される側がどこでつまずいているのか、何がわからないのかなどについて、その人の視線から理解することができるかもしれません。しかし、お互いの顔が見えなくなると、こうした視線の情報を利用できなくなるわけですから、いくらことばでのやりとりができるにしても、とたんにコミュニケーションが立ちゆかなくなってしまうのでしょう。こうしたことからして、私たちは、お互いに相手の目や視線を見たり見られたりしながら、心の相互交流を図っているのだと言えるのではないでしょうか。

これに関連して一つおもしろいことに触れておきたいと思います。皆さんは、ヒトの目をネコやイヌなどの目と比べてみて何か変わっているところに気がついたことがあるでしょうか。お気づきの方もいらっしゃるかもしれませんが、実は、ヒトの目では白目の部分が大きくなっており、それと黒目の部分がとても鮮明なコントラストをなしているのです。このことは、目を見た人からすれば、黒目の位置や揺れ、つまりは視線の向きや動きがとてもはっきりとわかりやすいということを意味しています。ネコやイヌなどの他の動物では頭が動いた時に、だいたい、どこに注意を向けているかを知ることができるのですが、ヒトの場合は、たとえ頭が動いていなくとも、その視線だけからでも、その人の気持ちがどこに注がれているのかを理解することが可能なのです。そうした意味で、私たちヒトの目は、ただ見るためだけにではなく、見られたり見せたりするのに都合がよいように、まさしくコミュニケーションの道具として、進化してきたと言えるのでしょう。

赤ちゃんの視線の理解

上で触れたようにヒトにとって目はコミュニケーションの道具として欠かせないものであり、ヒトの赤ちゃんにしても、サルやチンパンジーなどの赤ちゃんと比べて、対面している養育者など、他の人の目をじっと見つめ、結果的に相互に見つめ合うことが早い段階から際立って多いということが知られています。しかし、出生後間もない赤ちゃんは、確かに他の人の目に特別な関心を払い、それを見はしても、まだ、その視線の先や、ましてその背後のある心の状態を読み取れる存在ではとうていないようです。そうした力は、ある程度、時間をかけて、徐々に発達してくるもののようです。

二つの目に特別な関心を寄せる段階から最初に生じ

る変化は、生後3～4カ月頃に、他の人の視線の動きに合わせて自分の視線も素早く動かすようになることだそうです。この頃になると、赤ちゃんは、顔を向けてくれているお母さんなどの目が開いているのかどうかに敏感になり、相手の目が開いている時により活発に動き、また、その視線のちょっとした変化にも気づくようになると言います。それは、まるで、開いていたり閉じていたり、また正面を見ていたりわきを見ていたりといった相手の目の状態を通して、その人がコミュニケーションの相手としてふさわしいかどうかを判断しているかのようです。そして、ひとたび、相手が自分の方をじっと見つめ、長くアイコンタクトをしてくれると、その人に対して、より多くニッコリとほほえむ傾向があるのだそうです。

こうした赤ちゃんとその養育者などとの目と目を通したやりとりは、見ていてとても心温まるものですが、当の赤ちゃんからすれば、まだ特に意図してそうしているわけではないようです。他の人の目や視線の動きに半ば自動的、反射的に応じてしまう仕組みのようなものがあって、それによってコミュニケーションのごく初歩的なものが成り立っていると考えた方がよさそうです。また、そうしたやりとりは、あくまでもその「見つめ合う」二人の関係の中だけに閉じてあり、自然と気持ちの共鳴が生じてしまうようなものと言えるのかもしれません。もっとも、赤ちゃんには、生後半年よりも前からすでに、複数の人と同時にコミュニケーションをととろうとするような側面もあるようです。それは、よくお母さんとお父さんが隣り合って、赤ちゃんの方を向き話しかけようとしている時などに、よく観察されます。赤ちゃんは、例えばお母さんと活発にやりとりしている最中でも、お父さんに時おり、視線や表情を送るようなことがあり、その様子は、まるで三人一緒に会話を楽しんでいるかのように見えるのだそうです。ただし、こうしたコミュニケーションでも、基本は、母子と父子それぞれのお互いに見つめ合うという関係から成り立っていることに変わりはありません。

しかし、生後1年目の後半、特に9カ月頃になると、目や視線の理解において画期的な変化が起きると言われています。それは、赤ちゃんが、お母さんやお父さんなどとお互いに「見つめ合う」だけではなく、一緒に「並んで見る」こともできるようになるということです。何かをともに並んで見て、その何かを話題にしながら、それについて、いろいろとコミュニケーションすることができるような段階へと移り変わるのです。例えば、赤ちゃんとお母さんが一緒に、徐々に近づき大きくなってくる着陸間近の飛行機を見て、その大きさと音に驚き、お互いに顔を見合わせたうえで、ひそかに「おっきい」「すごい音」といった気持ちを通わせるというようなことです。こうしたある特定の同じものに対してともに注意を向け、それについて心を通じ合わせるような現象を心理学の専門的なことばでは「共同注意」と言います。

「共同注意」と「社会的参照」が開く心の扉

「共同注意」によって、開かれる発達の可能性はとても大きいということが言われています。この段階になると、赤ちゃんは、他の人の視線を追いかけることによって、その人の注意がどこに向けられているかを知り、その人が、その視線の先にあるもの「について」何か関心をもっているということ、あるいは何かを思っているということ、場合によっては、何かを言っているのだということに気がつき始めるのです。そして、それは、とりわけ、赤ちゃんがことばを習い覚えていく上で、とても大切な働きをするということが言われています。例えば、先ほどの例で言えば、お母さんが、赤ちゃんの注意が自分と同じ飛行機に向けられていることに気づきながら「ヒコーキ」と声を上げれば、赤ちゃんの頭の中で飛行機に対して「ヒコーキ」ということばが結びつけられることになります。また、仮に赤ちゃんの注意がその時、飛行機にではなく近くの自動車に向いていたとしても、お母さんが驚いた様子で「あっ、ヒコーキ」と叫べば、赤ちゃんはお母さんの視線の先に目をとっさに移して、やはり飛行機に「ヒコーキ」ということばを対応づけ、それを記憶に留めることができるようになるでしょう。赤ちゃんは、このような「共同注意」の働きを通して、猛スピードでいろいろなことばを獲得していくのです。

また「共同注意」は、その人が、その注意を向けているものに対して、何かを思っているということだけではなく、その思っていることがどんなことかということまで教えてくれる場合もあります。実は、こうした気持ちの読み取りにおいて視線とともに重要な役割を果たすのが顔の表情や声の調子などです。私たちには日常、何かを見ている時に、とりわけそれが自分自身の関心に深く関わるものである時には、つい顔にある表情を浮かべたり、声を発したりしてしまうようなことが少なからずあるものです。そして、その様子をそばで誰かが見ていたとしたら、その人は、私たちの気持ちをたやすく感じ取ることができるはずです。例えば、私が納豆を見てしかめ面をしているところをあなたが見たとすれば、あなたには、すぐに、私が納豆ぎらいであることがわかるでしょう。

こうしたことから言えることは、人の視線がその人の注意や関心がどこに向けられているかを教えてくれるものだとすれば、表情はその人の気持ちがどのようなものであるかについて大きなヒントを与えてくれるものだということです。つまり、私たちは、人の視線と表情の両方を組み合わせて見ることで、その人が「何について何を感じたり思ったりしているのか」ということをかなり正確に知ることができるのです。また、その気持ちの読み取りを通して、時々は、その視線の先にあるものがどんなもので、いいものなのか悪いものなのかといったことまで推測することができるかもしれません。もし、私がしかめ面で納豆を見ているところを目にした人が、それまで納豆に一度も接したことのない外国の人ならば、その人は、さぞかし納豆をまずいものだと思うことでしょう。こうした視線と表情を手がかりにした人の気持ちの読み取りや、それを通したものの意味の推測のことを、心理学では「社会的参照」ということがあります。

実は「共同注意」の成り立ちとともに、赤ちゃんにも、こうした「社会的参照」の力が備わり始めるということが知られています。例えば、赤ちゃんがお母さんと一緒にいるところに、突然、今まで見たことのない人がやってきたとします。赤ちゃんは、好奇心をそそられる一方で、何か怖いような気持ちももつでしょう。そして、その人に近づいたらいいのか、その人から離れたらいいのか、どっちつかずの状態になるかもしれません。しかし、1歳前後になった赤ちゃんなら、こんな時、お母さんの方にさっと視線をやることでしょう。そして、お母さんの視線が自分と同じように、その見知らぬ人に注がれていることを確認した上で、お母さんの顔の表情や声の調子にも注意を向けることでしょう。そこで、もし、お母さんが眉間にしわを寄せ、難しい顔つきでもしていたら、赤ちゃんはお母さんがその人のことをあまり好きではないということ、また、その人があまりよい人ではなさそうなことを漠然と知り、その人から後ずさるような態度をとるかもしれません。逆にお母さんが満面の笑顔でうれしそうな声を上げていたら、赤ちゃんはきっとお母さんはその人に会えてうれしいのだと感じ、またその人はいい人だと思い、その人に近づいていこうとするかもしれません。

何しろ、この「社会的参照」は、特に自分自身で直接ためしてみなくとも、ただ、人の視線や表情を見るだけで、いろいろなものがどういうものであるのか、どの人がよさそうでどの人がそうでないのかといったことについて素早く知ることを可能にするものですので、これほど効率のいい学習のし方はないのかもしれません。ヒトに近いと言われるチンパンジーやゴリラなどにも、まれに「社会的参照」らしき行動が見られるという報告もありますが、ヒトにおけるこの能力の高さは飛び抜けていると言われています。そして、学者の中には、この「社会的参照」によってヒトがこれほどの知性を身につけることができたのではないかと考える人もあるくらいなのです。

いずれにしても、赤ちゃんがこの力を早くから備えることの意味はとても大きいものと思われます。赤ちゃんは、これによって、他の人の気持ちをより確かな形でうかがい知ることができるようになるわけですから、もちろん、人との心を通したやりとりは格段に深まり、社会性の発達はますます促されることになるでしょう。そして、また、赤ちゃんは、人から表情や声などの手がかりを得て、それらをうまく活用することで、単に社会性ということだけではなく、幅広くこの世の中のさまざまなことがらについて、急速ないきおいで知識を獲得していくことが可能になるのです。

ちなみに、「共同注意」や「社会的参照」の発達がさらに進むと、赤ちゃんは、自分が関心をもったものに、指さしなどを使って他の人の注意を呼び込み、自分の気持ちを自発的に伝達しようとし始めます。それは、何かをとってほしいというような要求の気持ちを伝えようとする場合もありますし、自分が何かに喜んだり驚いたりしたことの感想めいたものを他の人と分かち合おうとするような場合もあります。そして、そこには、さまざまな発声が伴うことが圧倒的に多いと言えます。もちろん、最初のうち、それらはまだちゃんとしたことばにはなっていません。しかし、それはとても意味ありげです。その背後には、確実にある特定の意味が込められていると考えられるのです。現に、こうした意味ありげな発声が頻繁に現れるようになってから、ほどなくして、実際のことばが生み出されてくるということが知られています。

赤ちゃんが示す思いやり

生まれて間もない赤ちゃんでも、隣の別の赤ちゃんが泣いていると、それにつられて泣き出すようなことがよくあります。それが産科の病院での出来事であれば、泣きは泣きを呼び、最後には、その場に居合わせた赤ちゃん全員による、泣き声の大合唱ということになるかもしれません。また、お母さんやお父さんならば、経験したことがあるかもしれませんが、赤ちゃんを抱っこしている側の気持ちがいらいらしていたり、ゆううつだったりすると、赤ちゃんもそれと同じような感情の状態になる傾向があるようです。このように早くから赤ちゃんには他の人の感情が伝染するらしいのです。

そのため、他の人が転んでとても痛がっている様子などを目にすると、赤ちゃんは、それがまるで自分自身に降りかかったことのように反応してしまうことがあります。泣き出すことはもちろんですが、時々は、転んだ人が打ちつけたところと同じ自分の身体の部分を押さえて痛がるそぶりを見せるようなこともあるのです。他の人と同じ感情の状態に一瞬にしてなってしまうということは、ある意味で、他の人に共感する力を、赤ちゃんが非常に早い頃から持ち合わせているということを物語っています。しかし、それは、あくまでも他の人の感情に巻き込まれてしまうということを意味するだけかもしれません。困っている人に対して慰めたり、助けたりしようとする態度はまだ希薄なのです。

それでも早い場合には1歳以下の時点から、他の人の苦痛や悲しみなどに対して、その様子をじっと見つめ、時おりその人の身体に軽く触れたり撫でたりする行動が生じ始めるようです。また、1歳を超えた頃には、ケガをした人にはバンソウコウをもっていってあげたり、泣いている子にはおもちゃを差し出してあげたりするようなことも時おり観察されるようになると言います。もっとも、こうした早い段階での思いやりの行動は、しばしば、自己中心的なものであるようです。例えば、悲しそうな表情をしている子どもを慰めようとするのはいいのですが、その時に、その子のお気に入りのおもちゃなどではなく、自分がいつも持ち歩いているボロボロのタオルを貸してあげようとしたり、また他の子が泣いているのを見て、そのすぐ隣にいる、泣いている子のお母さんではなく、わざわざ離れたところにいる自分のお母さんを呼びに行ったりするようなことがあるのです。つまり、この頃の子どもは、表情などから、他の人の気持ちをある程度、読み取ることができたとしても、まだ人によってうれしいものやかなしいものなどが違う可能性があることを十分には理解できていないのです。自分中心に、自分の基準で、そうしたことを判断してしまいがちなのです。

しかし、生後2年目の後半くらいになると、少しずつ、こうした状況に変化が現れ始めるようです。ある一つの研究の話なのですが、そこでは、あらかじめ、赤ちゃんに、実験する人が、すごくニコニコした顔を見せることでブロッコリーが大好きなことを、逆にとても嫌そうな顔をすることでクッキーが大嫌いなことを、暗に知らせておきます。ちなみに実験に参加した赤ちゃんのほとんどはブロッコリーよりもクッキーの方が断然好きでした。そして、ブロッコリーとクッキーが並べておいてあるところで、その実験をする人が、赤ちゃんにどちらをとは言わずに、ただ「ちょうだい」とだけ言うのです。これに対して、1歳を少し超えたばかりの赤ちゃんでは、その大半が、自分の好きなクッキーを差し出そうとしました。しかし1歳半を超えた頃の赤ちゃんになると、自分は嫌いでも、相手の好きなブロッコリーをあげようとする子が多くなったのです。こうした結果は、生後2年目の後半くらいから、子どもが、自分の好き嫌いや感情とは独立に、他の人の立場に立って、その人の気持ちを理解し、そして、それに沿った行動や思いやりを示すことがちょっとずつできるようになっていくということを意味しています。

ただし、2歳前後の子どもの人に対する思いやりは、かなり気まぐれなものであるということも知っておいてよいかもしれません。確かに、他の子どもが困っていたりすると心配して、いろいろと慰めようとする場合もあるのですが、それは全体の三分の一くらいの割合で生じるものでしかないという報告もあります。これくらいまでの子どもで最も多い反応は、無視したり、ただ傍観したりする行動だそうです。赤ちゃんには、確かに人に共感し思いやるための潜在的な力が、相当早くから備わっていると言えるわけですが、それがいつも確実な行動になって現れるとは限らないようです。そうした意味からすれば、そうした状況でどうすべきか、どうしたらいいのかを、お母さんやお父さんなど、周りの大人が、小さい子どもに対してしっかりと示してあげることが大切なのかもしれません。

私たちの日常を考えると、思いやりは、他の人に直接、何かをしてあげるという形ばかりではなく、自分の感情や行動を抑えるという形で表さないといけないこと

もあることがわかります。例えば、自分がどんなにうれしくとも、隣にいる人が落ち込んでいる時には、あえてそのうれしい気持ちが外に出ないよう抑えなければならないというようなことです。これは、感情の表し方についての社会的なルールのようなものを理解し、それにしたがって行動することだと言い換えてもいいかもしれません。しかし、こうした形での思いやりを、赤ちゃんの段階から見いだすことは、とても難しいことのようです。他の人を思いやって感情や表情を調節することが、はっきりと現れてくるのは早くとも3～4歳くらいになると言われています。ただし、その兆候らしきものは、それよりも前からすでに認められるようです。子どもは発達とともに、養育者とのやりとりや仲間との遊びなどにおいて、顔の一部だけを動かすようなある種ちょっとうわべだけの微笑みを徐々に多く見せるようになるのだそうです。これは、もちろん直接的な思いやりというものではないわけですが、少なくとも、子どもが他の人との関係をより円滑に保とうとして、表情を調節し始めているということの一つの現れだと言えるのかもしれません。

Column 2

泣いている子どもに対する思いやり

ずいぶんと前のことになりますが、私は、まだ大学院生だった頃、夏休みの間ずっと、ほぼ毎日のように保育所の2歳児クラスに観察に出かけたことがあります。それは、私にとって、小さい子どもの社会性を考える上で、とても印象深い体験でしたので、ここで簡単に触れておきたいと思います。

この観察の当初の目的は、2歳児が集団生活の中で、どんな場面で泣き、またどんなふうにしてその泣いた状態から立ち直っていくかを知ることでした。しかし、途中から、泣いた子に対して、周りの子どもがどのような反応をするかということにもとても興味をもつようになり、そのことについても調べてみることにしました。こうした目的で、泣き声が聞こえたら、すぐにその泣いた子のところに飛んでいき、その子とその周りにいる子どもを、泣きが一通り終結するまで、ビデオカメラで撮影することにしたのです。

撮ったビデオテープは膨大なものになったのですが、それを分析していくといろいろなことが見えてきました。泣きについては、頻繁に泣く子どもと泣いた時に長く泣き続ける子どもと泣いた後にぐずぐずしてなかなか立ち直らない子どもは、決して同じではなく、別々であることがわかりました。そして、そうした泣きの一つひとつの側面に異なる個性が反映されていることがうかがわれたのです。これについてはちょっとここでは書ききれないので例だけあげておきたいと思います。例えば、泣きの回数の多い子どもは、本文中で触れたアタッチメントがあまりしっかりと経験できていない場合が多かったのですが、逆に回数は少なくとも泣くと長い子どもは、このアタッチメントがしっかり築けている場合がむしろ多かったのです。特に後者については、意外に思われる方もあるかもしれませんが、本文中でも書きましたように、アタッチメントとは他の人への信頼感と強く関係するものです。したがって、アタッチメントがしっかりと築けている子どもほど、何かあったら必ず助けてもらえるはずだという確かな見通しのもと、本当に困った時には慰めや手助けが得られるまで長く泣き続けることになると考えられるのです。

泣いた子どもへの思いやりについてですが、他の子どもの泣きに接した子どもの大半は、少なくとも一回は、泣いた子どもに対して慰めや手助けの行動をとったということがわかりました。逆に、その泣いた子どもの泣きをさらに悪化させるような、やや意地悪な働きかけはとても少なく、六人に一人くらいの割合で見られただけでした。これだけ見ると、2歳児でも相当早くから、とても人にやさしく思いやりを示すと言えるわけですが、本文中でも触れたように、これがいつもそうとは限らない気まぐれなものであることも確かでした。同じ子どもでも、時と場面によって、慰めを示したり、無視したり、傍観したり、まちまちだったのです。

しかし、そうした中でも、全般的に思いやりを示しやすい子どもとそうでない子どもがいることも見えてきました。思いやりを示しやすい子どもが、日頃からたくさんの仲間とよく遊んでいる傾向が強かったのに対し、思いやりを示すことが少ない子どもは、日頃から仲間とのやりとりがとても少なかったのです。あと意外かもしれませんが、日頃、ちょっと仲間をぶったりたたいたりして比較的泣かせてしまうことの多い子どもの方が、誰かが泣いた時には、慰めや手助けの行動が多かったのです。もっとも、これについては、2歳くらいでは、ぶったりたたいたりする行動が、意地悪な気持ちというよりは仲間と深く関わりたいという気持ちの現れになっており、その仲間や仲間との遊びへの強い関心がむしろ思いやりの行動ともつながっているのではないかと考えられました。いずれにしても、

ここからは、仲間関係や遊びの経験が思いやりの発達にプラスに働くのだとも、あるいは、思いやりを早くから示す子どもが仲間を作りやすくよく遊べるのだとも、両方の可能性が言えるかと思います。

この調査では、どんな子が泣いた時に特に周りの仲間から思いやりを示してもらいやすいのかということについても分析してみました。一つ確実だったのが、日頃から泣いてばかりいる子どもは、泣いた時に、慰めや手助けをしてもらえることが少なかったということです。逆に言えば、ふだん泣かない子どもが泣くと、より多くの仲間の関心を集め、いろいろな思いやりを示してもらえることが多かったのです。それと、日頃から保育士の先生とのやりとりばかりが多くて、仲間との相互交渉が少ない子どもも、泣いた時に、あまり仲間から思いやりを示してもらえないようでした。いずれにしても、私にとってちょっとした驚きだったのは、2歳くらいの子どもですでに、日頃の経験を通してお互いがどんな子なのかということをある程度、理解し、それに基づいて反応や働きかけを調整している可能性があるということでした。

泣く、泣いた子に思いやりを示す、逆に自分が泣いた時に思いやりを示してもらう、こうしたことすべてに社会性というものが深く関わっていると言えます。まだ、歩くのもしゃべるのもたどたどしい頃からすでに、子どもは、日々、こうした社会性の問題に当事者として直面しており、そして、その経験の中で、たくましくさまざまな社会的な力を身につけていくことになるのでしょう。

このエッセイでは、ヒトがとても社会性豊かな生き物だということをふまえた上で、ヒトの赤ちゃんがその社会性をどのように身につけていくかについて、いろいろな角度から見てきました。結びのことばになるようなものは特にありませんが、社会性とはまさに人間関係に関わる力そのもののことですから、やはり、それは、子どもが安心できる人間関係の日々の積み重ねの中で、ゆっくりと時間をかけて育まれなくてはならないものだと言えるのでしょう。

できるだけ実際の研究の成果に基づいて話をしてきたつもりですが、お子さんに接している方からすれば「あれっ、違うんじゃない」と思えるようなところもたくさんあったかもしれません。実は、赤ちゃんについてはまだまだわからないことが多く、研究者は子育てや保育を実際になさっている方から大いに教わらなければならないところがあるのだと言えます。「赤ちゃん学」を一緒につくっていくようなお気持ちで、率直な声をお寄せいただければ幸いです。

イラスト／なかのよしこ

連載 赤ちゃん研究者の育児奮戦記①

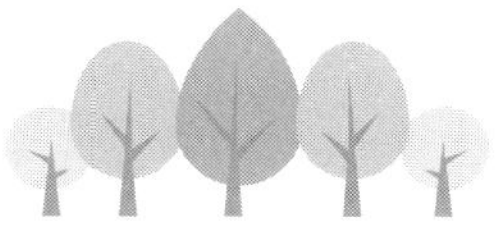

麦谷綾子（むぎたに・りょうこ）
NTT コミュニケーション科学基礎研究所研究員。
専門は赤ちゃんのことばの発達科学。

**2007 年 3 月 22 日の明け方、3102 グラムの女の子の母となりました。
これまで赤ちゃん研究者として 1000 人以上の赤ちゃんと出会ってきたというのに、
このへんちくりんな異星人を育てる過程は、研究とは全く違う未知の経験の連続でした。
その子育て奮戦記を、研究者の視点を交えながら数回に分けてお話ししていきたいと思います。**

出産まで

出産予定日は四月四日でした。何事においても読みが甘い私は予定日より早く産まれるとは思いもよらず、陣痛が来る前日までせっせと赤ちゃん実験をこなしていたのです。三月二一日の朝、陣痛らしき規則的な痛みで目覚めました。でも初産は時間がかかると母親学級で教わったなあ。張り切って病院に行って帰されても嫌だし……。とりあえず産院のそばにある実家に行き、陣痛が強くなるまで両親と夫を相手に麻雀で時間をつぶすことにしました。

じゃらじゃらじゃら。

幸先よく私の圧勝です。ここのところ連勝で調子にのっている父の顔がひきつっています。ざまあみろ。しかしどんどん痛みが強くなる。しかも、あれ？　痛いのは腰ではないですか。よくテレビの妊婦さんが「うっ」とお腹を押さえるシーンを信じていた私は、まさにだまされた気持ちでした。雀パイを繰りながら「腰が痛くなるなんて聞いてへん……。」と恨みがましくうめく私の隣で母親が新聞を取り出し、満潮の時間を見て、「明け方四時に生まれる」と言います。まさかぁ。潮の満ち引きで子どもが生まれるなんて、いかにもトンデモ科学系っぽい話は疑ってかかるのが科学者のサガなのです。しかしとにかく陣痛はどんどん強くなります。これは間違いなく産まれそう。麻雀は勝ち逃げして病院に向かうことにしました。そして不思議なことに、ムスメがこの世に生まれ出てきたのは、母の読みどおり明け方四時を少し過ぎたころだったのです。

新生児＝異星人？

さて、初対面のわが子の第一印象は、「なんか違う……。」実験では、首がすわってお出かけが可能になる生後4カ月くらいからの赤ちゃんを対象にしています。つまり私が相手にしてきた赤ちゃんの最年少は4カ月。生まれたてのムスメは、これまで私が実験してきた赤ちゃんたちとは似ても似つかない存在でした。体が小さいだけでなく、ふにゃふにゃで、動きはしごくゆっくり、顔はしわしわ、目つきもうつろでちょっと「イッちゃっている」感じです。

本当にこんな異星人みたいなのに実験して結果が出るのかな、とふと疑問に思ってしまいました。実は、赤ちゃん研究の中でも新生児を対象にした研究はとても少なく、まさに「別格」なのです。なぜか？　新生児が示す行動や知覚のほとんどは、生まれながらにして備えているもの（専門的には「生得性」と言います）だと考えられるからです。つまり、新生児の実験データは、人間の「初期状態」を知るためにとても貴重なのです。でも、ふにゃふにゃの新生児で実験をするためには、産婦人科と提携し、院内の新生児室で実験をするしかありません。そんなことが可能なのは、世界でもほんのわずかな研究室だけなのです。

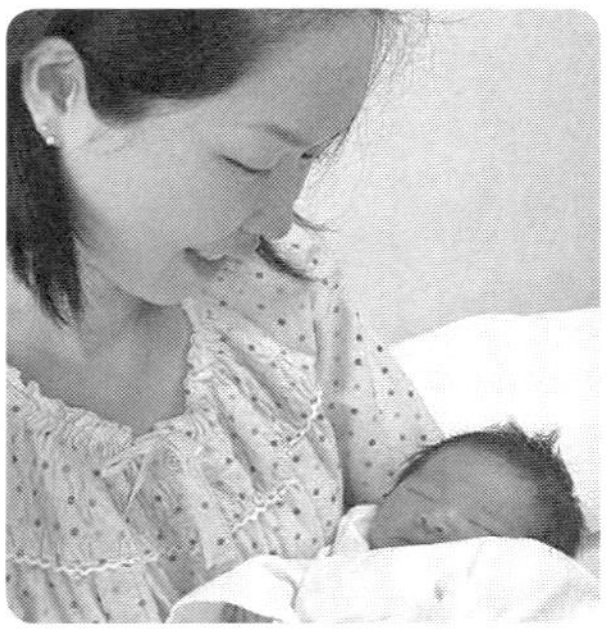

異星人と未知との遭遇‥‥。

新生児研究で有名なものに、表情模倣の研究があります。ワシントン大学のメルツォフが生まれたての赤ちゃんに口を開けたりすぼめたり、舌を突き出して見せると、それをまねする能力があることを明らかにしたのです（ただしこの研究には反論もあり、真似しない、というデータも論文になっています）。この新生児模倣を再現すべく、お産でへとへとに疲れていた私の横で、夫は初対面の我が子にひらすら「べーっ」と舌を出してみせたのでした。夫は「一回はマネをした！」と力説するのですが、私が見るかぎりムスメはほっておいてもぺろぺろ舌を出しています。というわけで本当に模倣をしたのかどうかはちょっと確信が持てません。ちなみに新生児は他にも、母親の声や顔、においがわかる、母語と外国語を聞き分ける、といったさまざまな能力を備えて生まれてくることがわかっています。

ところで、発達心理学では生後2カ月と9カ月に大きな転換期があると言います。ムスメも、生後2カ月をすぎるとようやく「異星人」を脱

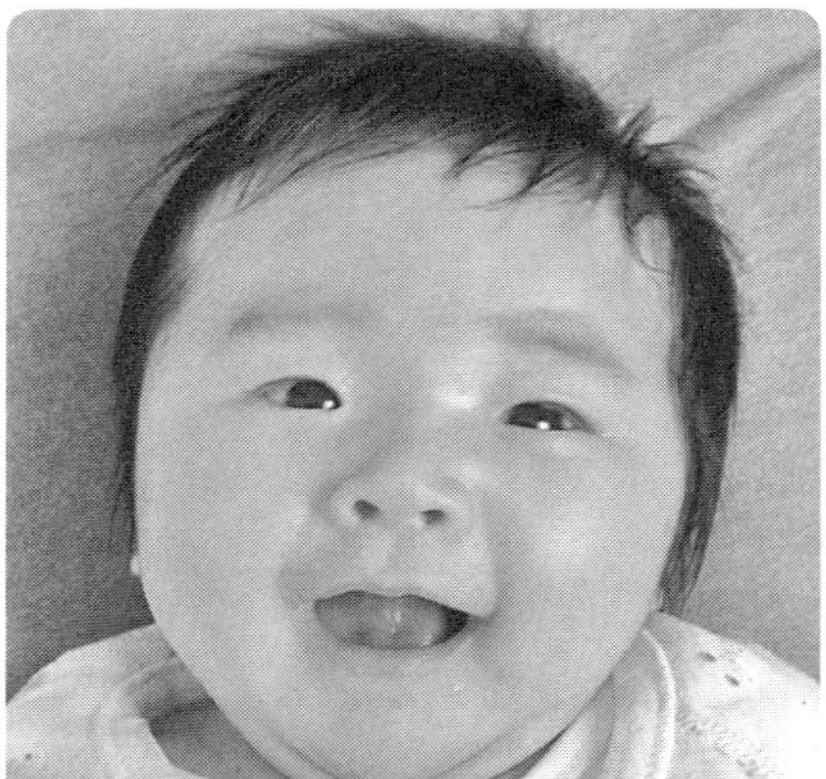

2カ月の頃。笑うようになりました。

却し、人間界に適応してきました。生後2カ月の転換期を「微笑みの革命」と称した研究者がいましたが、確かに目を合わせ、自分から「にまーっ」と笑う表情は、「人間らしさ」を感じる大きな要因のように思います。

●赤ちゃんの学習能力

赤ちゃん研究が進むにつれ、実は生まれてすぐの赤ちゃんも高い学習能力を持っていることがわかってきました。そのことを実感する出来事がありました。私は出産後なかなかおっぱいが出なかったので、仕方なく哺乳瓶にミルクを入れてムスメに与えたのです。するとなんということでしょう。ムスメは生後3日にして、あっという間に哺乳瓶のほうがおなかいっぱいになることを学習し、頑なに私の授乳を拒否するようになりました。授乳のたびにムスメは必死の抵抗&号泣。根負けして哺乳瓶をくわえさせるとものすごい勢いでかぶりつきます。すっかり哺乳瓶のトリコになってしまったのです……。どう見てもイッちゃっているような顔をした異星人のくせに恐るべき学習の早さ。結局、徹底的に「お母ちゃんのおっぱい」に慣らすため、最初の一カ月間、母は上半身裸族として過ごす羽目になりました。

もうひとつ、学習についてもおもしろいと思ったことがあります。ムスメはよく鼻がつまってフガフガするので、赤ちゃん用の「鼻吸い器」なるものを購入しました。つながった二つの管の一方をムスメの鼻の穴に突っ込み、もう片方を私が吸うと鼻水が吸われる仕掛けになっています。これで鼻を吸うと、ムスメはどういうわけか舌をぺろぺろ出します。何度か鼻吸い器を使っているうちに、私が鼻吸い器をくわえてムスメの鼻の穴に狙いを定めているだけで、舌をぺろぺろ出すようになりました。つまり鼻吸い器（もしくはこれをくわえて迫ってくる母親の表情）を記憶し、それだけでなく「鼻吸い器」＝「舌ぺろぺろ」という条件反射を学習したのです。まったくもってなんの役にも立たない学習ですが、わずか生後2カ月の子どもがかなりの記憶力と学習能力を持っているということを、身をもって実感しました。

そんなこんなで日々ムスメとの格闘を通じていろいろな発見をしながら子育てしています。次回は、ムスメのさらなる成長とともに、仕事復帰、保育園入所をめぐる奮闘もご紹介したいと思います。

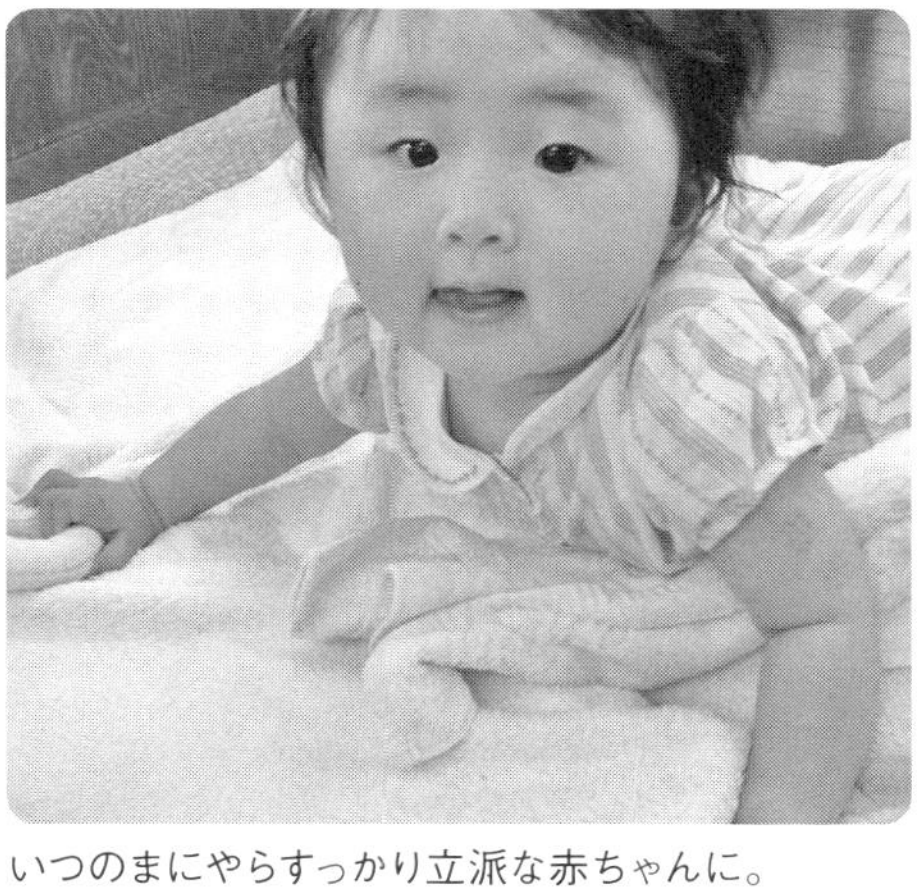

いつのまにやらすっかり立派な赤ちゃんに。

対　談

「早期教育と脳科学」

脳科学で言えること・言えないこと

甘利　俊一
（理化学研究所脳科学総合センターセンター長）

汐見　稔幸
（白梅学園大学学長）

司会：旦　直子
（東京大学研究員）

■**司会**　今日は脳科学の知見に基づいて早期教育を考えるというテーマで、甘利先生、汐見先生にお話をうかがいたいと思います。

昔から早期教育ということは言われていますが、最近は早期教育の宣伝の中に「脳科学の知見に基づいて」という文言を多く見るようになりました。今日は、どのくらい脳科学が早期教育に対する知見を提供しているのか、どの程度までは間違いなく早期教育に対して言えることがあるのかを教えていただきたいと思っております。

臨界期は存在するのか?

■**汐見**　育児と保育の世界で、脳科学の知見を謳って世間に影響を与えた最初のものの一つは、ソニーの井深大さんが三五年ほど前に出された『幼稚園では遅すぎる』（サンマーク出版）という本です。これは百万部のベストセラーになりました。そのなかに脳のシナプスはだいたい3歳ぐらいまでに大人の七十数%から八十%くらいがつくられるとする時実先生の説が紹介されています。その説をもとに、井深さんは、最も活発にシナプスの配線が行われる0歳から2歳くらいまでの間に何の教育もしないで、配線が終わったあとに教育をはじめるというのは非常に無駄なことだから、0歳から2歳の間に脳を使う訓練をしてやるのがいいと主張しています。例えば、テレビのコマーシャルをずっと見せてやればいいとかね。コマーシャルだといろいろな刺激が次から次へと変わり、脳はそれに対応しなければならなくなり訓練されるだろうということなのです。子どもが泣こうがわめこうがそれをやってやることが結局は子どものためになるので、0から2歳くらいの間に徹底して刺激を与えてくださいと書かれているのです。たとえそのときに厳しい教育ママになったとしても、幸いなことに3歳ぐらいまでの記憶はあまり残らないので大丈夫。3歳になったらやさしい母親に戻ってあげなさいというのです。

　それでいろいろな早期教育業者が「3歳までに脳は決まる」というその文言をとって、0、1歳の段階でフラッシュカードを見せるなどいろいろな刺激を与えれば優れた脳になると言って宣伝を始めました。八〇年代、九〇年代、ほとんどすべての業者が「そういうふうに専門家がおっしゃってます」と言ってパンフレットをつくり広げたという経緯があるのです。脳科学の知見を基にすると、その説にはどの程度の信憑性と根拠があると言えるのでしょうか。

■**甘利**　その説に関係あるかもしれないのは、脳には臨界期があるということでしょう。臨界期とは、人間の脳が外界の刺激（自分の脳でつくった刺激でもいいのですが）に応じて脳の仕組みを調整していく際、特定の情報要素に対して感受性が強く出てくる時期のことです。臨界期があるとわかっているのは視覚系です。目で見たものは脳の奥で分析されるのですが、この分析装置がいろいろな特徴に対応できるようになるためには、ある決まった時期（臨界期）にいろいろなものを見ることが必要なのです。臨界期で見たものに合わせて情報を処理するような装置をつくり上げていくのですが、いったんそれができるとその装置はなかなか変更できないと言われているのですね。確かに視覚系についてはそれがはっきりしているのですが、視覚系でそういった現象が起きるからといって、これをあまり拡大解釈をしてはいけないのですよ。例えば体性感覚野などは臨界期がないとも言われているのですから。まして、高次の機能についてはそんなことはありません。私はよぼよぼですが、まだまだ新しいことができる。

バイリンガルと臨界期

■**司会**　臨界期と言えば、外国語教育については臨界期が強調されていますね。英語は小さいうちからネイティブの発音に触れさせておかなければ上達しないという認識が浸透していて、赤ちゃんのうちから何十万円もする英語教材を購入したり英語教室に通わせたりする親も多いと聞きます。実際、少子化がすすんでいるのにもかかわらず、小さい子を対象にした英会話教室は

左から、汐見稔幸氏、旦　直子氏、甘利俊一氏

増えているそうですね。

■甘利　生まれたての赤ちゃんは音はどんな音でも聞き分けられるすごいキャパシティーがあるのに、すぐに自分の母国語の音しか聞き分けられなくなってしまいます。それにはやはり臨界期があるのでしょう。言語に関しては、この臨界期は8、9歳とか10歳と言われていますね。確かに現象としてそういったことはありますが、脳のどういう機能によってそれが決まるのかは実はわかっていないのです。言葉と言っても、音を聞き分ける時期、単語と事物の対応がつく時期、概念をつくるようになる時期、論理ができる時期はみんな違いますしね。だから、言葉は何歳から覚えたらいいのかとか外国語教育はいつやったらいいのかということに、今、脳科学の知見から答えを出すなんて、非常に無茶な話なのですよ。

■汐見　友人が娘さんがちょうど1歳の時にバークレイへ家族で留学して4年間過ごしたのですね。その子が5歳になったときに戻ったのですが、その子が家族3人のなかで一番英語がうまくて親の発音をいつも修正していたのです。それで彼ら夫婦は、この子は将来バイリンガルになるだろうと大変楽しみにしていました。ところが、日本に戻って1年経ってから久しぶりに会い、「どうだ、娘さんは?」と聞いたら、「がっかりだ。英語なんてしゃべれないどころか、自分がかつて英語をペラペラしゃべっていたことも忘れてしまっている」と言うのです。「発音はどうだ?」と聞くと、「日本人の発音だ」とも。それで改めて調べてみると、日本人が6歳くらいまでに戻ってきた場合、そのあと何も刺激を与えなければほぼ百%忘れてしまうそうです。12歳くらいまで向こうにいた場合は、そのあと何もしなくても半分くらい覚えており、14、15歳までいると八割、九割残る可能性がある、というのが学芸大学の調査にありました。

■甘利　私もアメリカに9カ月間行ったときに、10歳、7歳、3歳の子がいたのですが、10歳の子はそんなに英語がうまくならなくて、帰ってきても自然に忘れました。7歳の子はおしゃべりな子だったせいもあり、向こうでペラペラになって今でもペラペラです。3歳の子は見事な英語を話していました。でも日本に帰ってきて、近所のおばさんなんかと話すとミルクというのにこの子はムィルクと話すといっておばさんたちがおもしろがってね、「みきちゃん、ピンクって言ってみて」と言うんです。それを聞いて自分はおかしいと思ったらしくて、2週間で英語は全部パーですよ（笑）。

これを脳科学からどう考えるかというと非常に難しいですね。もちろんいろいろな知見はあって、例えばバイリンガルと外国語の熟達者の脳の働き方には違いがあることがわかっています。バイリンガルだと、単語を処理する領域が英語と日本語でほとんど重なっているのに対し、熟達者は少しずれているのです。だから熟達者の場合は別々に理解して頭の中で翻訳しなければいけないけれど、バイリンガルの人は翻訳の必要がないのですね。これは、ファンクショナルMRI（Functional magnetic resonance imaging）という脳の活動を計る装置でわかっています。

■汐見　まるでしゃべらなくなっちゃうというのは不思議ですよね。どこかで記憶しているのじゃないかとは思いますが。それを説明するのに僕はいろいろ考えたのですが、人間には、一つの情報処理をもう少し高次の段階で制御している機能というのがあって、それは実はあとで発達してくるのではないかと考えたらどうかと思っているのです。幼い頃はいわば模倣ですよね。向こうがしゃべるのと同じことをしゃべると通じるということです。その模倣能力というのは相当乳幼児は高い。しかもこれは、高次の制御能力がないほうがある意味では楽かもしれない。けれども、例えばこういうときにはこういう言い方はまずいのではないかとか、日本語で言うと敬語を使わなければいけないのではないかとか、英語の場合は完了体なのか過去形なのかというような知識を駆使して、しゃべりながらもう一段高次のところで同時に制御しているというように脳は発達するんじゃないかと思うんです。

実は人間の能力というのはそういう意味で二重構造で、一つのことがオペレートできるということだけではなくて、その局面局面、状況状況に応じてどの能力とどの能力を組み合わせるかとか、ここはこっちを使わずにこっちを使うとか制御しているところがもうひとつできてきて、こちらのほうが、むしろ能力の大事な分野ではないかなという気がするのですよね。でもそれはシステムの統御能力ですから、あとから発達していくわけですよね。そして、システム統御とセットで発達していくと記憶にも残りやすいという感じがするのですよね。でも幼い頃はそのシステムもシステム統御も十分発達していないわけだから、模倣すべき一次的な刺激がなくなってしまうと、だんだん使えなくなっていく。だからしゃべれなくなっていくんじゃないかと。

■甘利　そうそう。それはそうだと思います。忘れてしまうというのも重要な能力なので、英語が獲得できるならば逆にパーっとみんな忘れてしまうこともできる。いわゆる前頭葉という一番高次の脳、本当の思考の一番高次なところを統括する領域はだいたい20歳ぐらいまで発達するのです。だから20歳の脳というのはまだまだ成熟していくのですね。一番初めの目で見ている縦棒と横棒を見分けるとかね、そういう要素的な機能は生後6週間ぐらいで身につく。そのくらいの時から必要な能力らしいのですけども、一番高次の思考や自分の行動を律するような心の部分はずっとあとになるのです。

■汐見　それは生物的に進化してきたようななかで、進化のあとで身につけてきたような能力ほど脳のなかではあとまで発達するということでしょうか。

■甘利　そうでしょうね。人間の脳と猿の脳の一番違うのは人間は前頭葉ががーっと大きくなったところです。前頭葉が一番最後に発達したということですよね。

■汐見　進化論的に言うと、あとで発達したものは個体発生的にも長く発達し続けるという可能性があるということですかね。

■甘利　だからやっぱり脳には発達していく段階があり階層があって、まだ準備ができていない部分に無理矢理教え込んだってそれは無理なんだと思います。

敏感期にはあたり前の経験を

■汐見　保育だとか育児の世界で言えば、子どもは特定の何かの活動にそのときだけすごく集中するという時期があります。例えばブロックである形を組み立てるのに凝りだして、来る日も来る日もそれをやっているとか、水道の水遊びをしていて水の流れをいろいろ変えたりするのが楽しくてしょうがなくて、そればかりやっているとか。ところが十日間ほどそれをやり続けてしまうと、まるで憑き物がとれたみたいに興味をなくして、別の物に移っていったりするのです。我々はそういうとき、その子はそういう活動のもっているおもしろさだとか感触の良さだとかというものを、その活動を司っている脳がきわめて敏感に感応している、そういう意味で敏感期だと言っています。その敏感期に、凝っている活動を徹底してさせてあげれば、その子は自分で自分の壁を突き抜けていく、そういった時期がありそうなんですね。それは経験的にわかるのです。しかし、どういう活動がということと、いつ頃かということは、子どもによって全部違います。また、その敏感期だからもっとさせてやろうとすると、逆にさーっと逃げていったりするんですよね。そのあたりのあやが保育のおもしろさでもあり難しさでもあるのですが、脳の活動にはある時期に自らそれがすごくおもしろく感じるような、非常に効率的に何かが伸びていくような時期がありそうな気がしています。

■司会　親や保育者が敏感期をうまくキャッチできず、特に支援をしないで敏感期を過ごすとどうなるのでしょう。

■甘利　脳科学から言えば、人間というのは非常に柔軟で、しかもいつでもやり直しがきくようにできているので、気にすることはまったくありません。むしろのんびりとリラックスしてやることが一番重要なのだと思うのですよ。

■汐見　そうですね。人間の脳ってたぶんあらゆる動物のなかで一番可塑性が高いと思うのです。たしかに臨界期はあるけれど、僕の言い方では、それは自分で今やりたいものを見つけるセンスのことなのですよね。例えば何かを5歳までにやってなかったらもうダメだと言われたら、何にもやる気がしなくなっちゃうでしょ(笑)。

ただ、いろいろな体験を幼い子どもにさせてあげるということ、これだけは大事だと思います。脳のいろんな部分を活性化させていくという点では、テレビも見るし本も見るけど外で遊ぶこともするし、友だちとかかわって遊ぶこともできるしお父さんに肩車もしてもらうし……といったようにさまざまなことをやるということが重要だと思うんです。

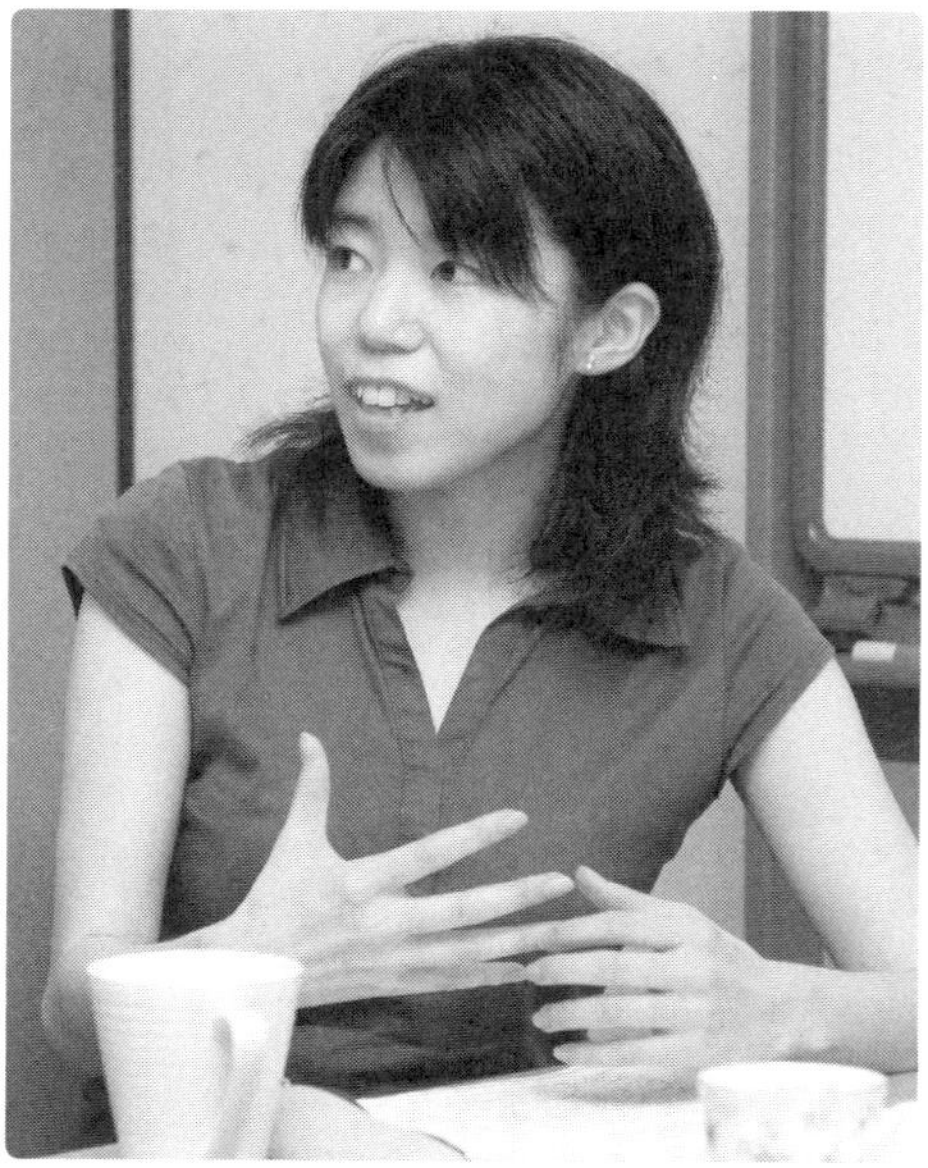

■甘利　いろいろな好奇心があって、いろいろな楽しみがあって、いろいろな理解もあって、やっぱり辛いこともあるのが当たり前ですし、そういったことも含めて経験するのが大事ですよね。

■司会　いろいろな体験をさせてあげるという言葉だけを聞くと、一部の親たちは習い事をいっぱいさせなきゃ、英会話もしなきゃ、ということになりそうです。実際、習い事をたくさんさせている親ごさんの多くは「子どもにいろいろな体験をさせてあげたいから」とおっしゃいます。そういうことではないのですよね。

■甘利　そうじゃないよね。

■汐見　人間の脳で長い間に遺伝子に残されていくのは、いわゆる普通の生活の部分なのだと思うのです。朝起きたらぱっとお日様を仰いで鏡を見て顔を洗ったりとか、そういうことを気持ちがいいと感じてきた生活です。いくら文明化された生活だと言ってみても、そこから大して変わっているわけではないのですよ。大昔の人が気持ちよいと感じてきたものには私たちだってすごく気持ちよさを感じるのだと思います。あまり特別なことを考えずに、ごく普通の生活をしていれば、自然といろいろな経験になっていくのですよ。多くの体験をさせてあげましょうというのは、英会話やお稽古ごとをたくさんさせましょうということではなくて、友達と遊んだりお母さんやお父さんと触れ合ったり外の空気に触れたり本を読んだりテレビを見たりといった当たり前の経験を、どれか一つに偏るのではなくてなるべくバランスよくさせてあげましょう、ということなのだと思います。

お母さんを苦しめる早期教育の〝伝説〟

■汐見　井深さんの早期教育には後日談があります。井深さんは幼児開発協会というわば早期教育の団体をつくられたのですが、そこで0歳の赤ちゃんを連れてきてもらってその子たちに漢字だとかなんだとかを0歳から一生懸命に教えるという実験じみたことを親にしてもらったらしいのです。ところが「二十年やってみてわかったことは、いわゆる早期能力開発は必要ないということだ」と朝日新聞に書かれたのです。早速その新聞を読んだある幼稚園の園長さんが井深さんに、「いわゆる早期教育というのは必要のないことですか?」と聞いたら井深さんは、「いや、そうではないですよ。心の早期教育は必要です」と答えたそうです。「心の早期教育とは何ですか?」と聞くと、「それはね、かわいいかわいいとしてやる母親の愛情だ」というのです。

　こうした早期教育だったら誰だってやっていますね。やっぱり当たり前のことが大事だったのだということを正直におっしゃってくださった井深さんは、その意味で偉いと思います。

　ただ、それ以前の言説が広がってしまって、刺激を与えてやらなければいけないという意識がお母さんを苦しめていることも事実です。0歳の赤ちゃんというのは放っておいてもさまざまな信号や合図を送ってきてくれるので、それにこちらが応答していけば十分それで働きかけになるのだと思うのですが、刺激を与えなくてはという意識が強すぎて子どもがどうしようが関係なく話しかけているお母さんがいます。そうしたお母さんは、子育てはこれでいいのかしらと不安に思ったり、反応してくれないということですごく苦しんでいるのです。そういう点では、井深さんの本は日本の育児の世界に奇妙な影響を与えてしまったのではないかと思いますね。

　もっともそういうことはだいぶ引いていて、今度は右脳開発というのが一部の親に入っていきましたね。

■司会　そうですね。今、早期教育のパンフレットには右脳開発という文字がよく書かれています。教室や教材によって内容はさまざまですが、実際には、フラッシュカードで漢字などをぱっと見せてパターンを覚えていくものや、イメージトレーニングや高速視聴によって右脳を鍛えると謳っているものが多いようです。実際のところ、右脳だけを開発することができるのでしょうか。

■甘利　どうなのでしょうね。たしかに普通の人は左側に言語野があってここで言語思考をしていて、右側はパターンとか画像とかどちらかといえば論理的ではない思考を司っているのだと言われますね。これは本当ですが、この二つが人間の思考の中で切り分けられるのかどうかは疑問です。その両方がいつも一緒に情報交換しながら協力しているところがいいところなのでしょう。女性のほうが文学とか言語能力が男性よりいいのは、両方がよりうまく使えるからなのだという話もあるのですよ。

現象観察とサイエンス

■司会　これまでのお話を総合すると、早期教育のパンフレットに書かれている「脳科学の知見から明らかになった……」という文言は鵜呑みにしてはいけないということでしょうか。

■甘利　脳科学は基礎科学であり、細かいところから積み上げていく学問です。脳科学の研究からわかってくるのは神経細胞の神経繊維がつながるのはどのくらいの時期だとか、それから神経の軸索でミエリン鞘ができあがるのはどのくらいかとか、そういう細かい知識なのですね。ニューロンの働き一つとってきてもきりがないくらい複雑なのですが、そういったことを一生懸命研究して言えることと、グローバルな脳の働きについて言えることの間にはまだかなり大きな距離があるのですよ。

■汐見　そううかがって少し安心しました。脳研究者の方には、何かデータが出てきたときに学問的な緻密さを飛ばしてしまい、教育の問題だとか育児の問題にまで飛躍させないでほしいと願っています。そこは慎重であってほしいと思うのです。

■甘利　脳を活性化する方法とかいろいろな俗説がありますね。あれがまるきり嘘だと皆がわかっていたらあんまり害がないからいいのだけど……まるきり嘘でなさそうに見えるから害があるんですよね。大昔はグルタミン酸を飲むと頭が良くなるとかね(笑)。あれもあの当時は根拠がまったくなかったわけではないのですよ。グルタミン酸というのは脳の中にあり、重要な役割を果たしているからこういう説が出た。だからといってそれをいっぱい摂取すればよいかというと、取りすぎれば大変な害になる。

　重要なのは、単なる現象観察とサイエンスを分けて考えることです。脳を活性化するAという方法があるとして、それを実践したらそれなりの効果があったとします。ここまでは現象観察です。しかし、脳を活性化するためにはAという方法でなければいけないのか、他の方法ではだめなのか、だめだとしたら何がいけないのか。Aの他にBやCという有効な方法があるとしたらそれらに共通するものは何であり、さらになぜそうなるかということを調べるのがサイエンスなのです。そういった意味では、早期教育の基になっている科学的データというのはサイエンスというよりは、単なる現象観察なのだと思います。

早期教育の弊害

■司会　害があると言えば、いわゆる早期教育を熱心におこなうことによる弊害は報告されていないのでしょうか。早期教育もあまり熱心におこなっていなければそれほど害もないのでしょうが、例えば、一日五時間も六時間もフラッシュカードや英語ビデオを見せていたりすれば何か悪影響が出てきても不思議ではないと思うのですが。

■汐見　それは、カウンセラーの方々が一番よくご存じだと思います。いわゆる心身症になってしまう子どもがうんと増えてきたというのです。以前に早期教育でおかしくなった子どもが増えてきたということで懸念されているカウンセラーの人たちと一緒に『警告！早期教育が危ない』（新評論）という本を出したのですが、そこで、早期教育の具体的なやり方そのものよりも、家庭が子どもをけしかけ、競争させ、イヤだと言わせないようにし、失敗をも許容しなくなり…という「早期教育的雰囲気」をつくってしまうことの弊害のほうが大きいかもしれないという提起がなされています。別の団体でも、結局、そのまま優秀になる子はあまりいなくて、思春期以降にバーンアウトする子が多いという調査もありますね。

科学と「科学」を名乗る「神話」を切り分ける

■司会　私は研究を通じて多くのお母さんと接する機会があるのですが、インターネットや新聞を通じて何か最新の研究結果が紹介されると、それについての質問をされることが少なくありません。例えば、「外国語を教えるときに実際の人が対面で教えると効果があるけれど、ビデオだと効果がないという研究が紹介されていましたが、本当ですか？　英語のビデオを見せていても意味がないのでしょうか」とか。子育てに関する科学的成果に本当に敏感なのです。でも、逆にそういった科学的知見に振り回されてしまっている印象を受ける場合もあります。

■甘利　子育てに余裕がないと、知識ばかりに頼って逆に知識だけが増えてしまったりね。そういった中で、じゃあ型にはめないといけないんだ、となるのが一番困りますよね。どんどんどんどん型を破ってそれでよいのだと安心しないと。

■汐見　「お母さん、常識で考えてください」と本当に言いたいですね。今のご質問も、目の前に外国人がいて実際にいて話しかけられるのと、ビデオで外国人がしゃべっているのを見るのとでは、子どもにとってどういう違いがあるかなんて、常識で考えられることだと思うのです。外国語を学ぶときも、その必要や切実さがどれほどあるかということが結局一番だと思うのですが、それも常識でわかることだと思います。小さな子どもでも大人でも、感情の世界はそんなに変わらないはずなんですがね。

■甘利　赤ちゃんはある意味では未成熟な脳をもって生まれます。生存に必要な最低の機能はもっていますが、余分なものはもっていない。そういった中で、環境や親やそういうものとの相互作用のなかで脳がつくられていく。脳はみなさん必ずもっているから、脳とはこういうものだと素人がいくらでも言えるのですね。でもそれが一つ間違うと、あたかも科学の知見のように、脳とはこうすればよくなるのだとか、右脳と左脳があって右脳を鍛えればいいのだとかという怪しげな話がいくらでもまかり通る。

　だからそのへんは非常に注意して、科学と科学の名のもとで出る「神話」とをよく考えて切り分けないといけないと思いますね。

おもしろ赤ちゃん学講座 1

DVDで英語学習?

開　一夫（ひらき・かずお）
東京大学大学院情報学環准教授

この講座では、最新の赤ちゃん研究を楽しい挿絵をまじえて紹介します。初回は、米国で行われた赤ちゃんの外国語学習に関する研究について紹介します。

私がまだ初々しい大学院生だったころ、とある温泉で開かれた研究会に出席しました。その研究会は、人間の音声をコンピュータで処理する技術に関するもので、コンピュータ分野の先生だけでなく言語学の著名な先生も出席されていました。幸運にも（?・）、研究会の懇親会（飲み会）で、言語学の大家とお話させていただく機会がありました。

私「○○先生、僕は、英会話が全然だめなんです。どうしたら上手になりますか? 英会話学校にも通ってるのですが……」。

大家「そんなの君、生きるかしぬかの状況じゃないと外国語なんて上手にならんのだよ!」。

私「……」。

健康な赤ちゃんなら、1歳の誕生日をむかえる前後から必ずお母さん・お父さんのしゃべっている母語を「自然に」話し出します。わざわざ高額なCDやDVDで「お勉強」しなくても、語学学校に通わなくても、誰もが言葉を習得できます。赤ちゃんは語学の「天才」なのでしょうか? 母語ではなく、外国語も簡単に習得できてしまうのでしょうか? 赤ちゃんの言語獲得能力に潜む秘密が解明されれば、語学で苦労している大人の助けになるかもしれません。

米国ワシントン大学の研究グループは興味深い実験で、秘密の解明に挑戦しています。実験には、英語のみの環境で育てられている9カ月の赤ちゃんが参加しました。赤ちゃんは、二つのグループ（中国語群と英語群）に分けられました。まず、4週間にわたって、赤ちゃんは一回25分ずつ、全部で12回のセッションを受けました。これらのセッションでは、中国語群の赤ちゃんに対しては中国語のネイティブスピーカー、英語群の赤ちゃんには英語のネイティブスピーカーが赤ちゃんとコミュニケーションします。この後、中国語にあって英語にはない二つの音を区別できるかどうかを、振り向き法でテストしました。振り向き法とは、予め音の変化に気づけば振り向くように赤ちゃんを条件付けしておくことで、二つの音を区別しているかどうかを調べる方法です。

実験の結果は、中国語群の赤ちゃんは英語群の赤ちゃんよりも中国語の音をより正確に区別していました。この成績は中国語を母語として育てられた台湾の赤ちゃんの成績と同レベルでした。短期的な外国語の接触でも9カ月の赤ちゃんの（音声）学習を誘発するのに十分だったことを示唆しています。

しかし、音声学習のためには単に音声に接触していればよいのでしょうか。それとも実際の人間が直接話しかけることが重要なのでしょうか。ワシントン大学のグループは実際の人間の代わりにDVDを使った実験でこれを確かめました。この実験でも、9カ月の赤ちゃんが参加しました。赤ちゃんは二つのグループに分けられ、一つのグループには、中国語の音声のみ、もう一つのグループには中国語を話している人の映像が音声とともに呈示されました。前の実験と同様、赤ちゃんは12回にわたって中国語を経験しました。その後、聞き分けテストが行われました。

実験の結果は、聞き分けテストの成績が人間の行った実験の中国語群の赤ちゃんよりも低く、英語群の赤ちゃんと変わりがない、というものでした。なぜ、実際の人間では音声の学習が生じ、DVDではダメだったのでしょう？　赤ちゃんは単に受動的に音声を聞いているだけではなく、『能動的なコミュニケーション』場面において上手に学習できるのかもしれません。

イラスト／ふるたあらた

参考文献：Kuhl, Tsao & Liu (2003) Foreign-language experience in infancy: Effects of short-term exposure and social interaction on phonetic learning. Proceedings of the National Academy of Sciences, 100(15), 9096-9101.

チンパンジー研究からヒトの赤ちゃん研究へ

―日本赤ちゃん学会第七回学術集会から―

これは、二〇〇七年の学術集会での松沢哲郎先生の講演内容をまとめたものです。講演者の松沢先生は、京都大学霊長類研究所所長。チンパンジーの知性を研究する「アイ・プロジェクト」のプロジェクトリーダーとしてもよく知られています。この日は、先生の研究パートナー、アイとアユム親子をはじめとするチンパンジーの子育てから見えてきた親子関係の進化について、お話いただきました。

松沢哲郎（まつざわ・てつろう）

1950年、愛媛県生まれ。理学博士。京都大学霊長類研究所教授。2006年4月より同研究所所長。1978年から同研究所で飼育されているチンパンジーに言葉を教えるアイ・プロジェクトを始める。最新の著書は「おかあさんになったアイ：チンパンジーの親子と文化」（講談社）。アイと仲間たちのホームページ（http://www.pri.kyoto-u.ac.jp/ai/index.htm）

1 人を知るために チンパンジーを知る

黒くてゴワゴワの毛が生えている人間がチンパンジーと考えると

私は人間の心というものの進化的な起源を探す研究として、チンパンジーの心の研究を行なってきました。「アイ・プロジェクト」と呼ばれる研究で、一九七八年に始まり、来年で三十年になります。今日はこの研究を通じて見えてきた親子関係の進化についてお話したいと思います。

チンパンジーはサルではありません。ヒト科の生き物です。ヒト科はヒト科ヒト、ヒト科チンパンジー、ヒト科ゴリラ、ヒト科オランウータンの四属です。生物学的にそうですし、「種の保存法」や「動物愛護法」といった法律でもそう規定されています。そのなかでヒトとチンパンジーが一番近いことがわかっています。二〇〇一年にヒトの全ゲノム解読が、二〇〇五年にはチンパンジーの全ゲノム解読が終わりました。塩基配列で調べると、人間とチンパンジーの間には約一・二三%の違いがありました。ウマとシマウマの違いが約一・五%ですから、人間とチンパンジーはほぼそれと同程度かそれよりもやや少ないぐらいです。したがって白黒の縞があるウマがシマウマだと思うのであれば、黒くてゴワゴワの毛が生えている人間がチンパンジーなのだというふうに考えると、真実からそう遠くないと思います。

人間の体が進化の産物であるように、心も、あるいはそれを担う器官である脳も、進化の産物です。脳は軟部組織ですから化石には残りません。いくら化石を掘ってみても、ネアンデルタール人がどのような心をもっていたかはわかりません。しかし、人間と、現在生きている系統発生的に近い生物、つまりチンパンジーを比較し、その共通点と相違点を検討することで、人間とチンパンジーに共通する祖先から由来したものと、それぞれの種が進化する過程で異なってきたものを見つけ出すことができます。そういった心の進化を探る種間比較研究を「比較認知科学」と称しています。

お母さんの元で育つチンパンジーの赤ちゃんの発達を研究

二十世紀の初頭からだいたい百年くらい、心理学者が人間とチンパンジーはどこが違うのだろうかということで比較研究をしました。その方法はクロス・フォスタリング、日本語では交差養育法と呼ばれるもので、人間と物理的にまったく同じ環境でチンパンジーを育てているわけです。まったく同じ環境で育てているのにもし何か違いがあるとしたら、それは人間とチンパンジーがもって生まれた生得的な差を反映しているという前提にたった研究方法です。

私の場合もはるか昔、チンパンジーの母親が育児放棄をしてしまったチンパンジーの赤ちゃんを家庭に連れて帰って、自分の娘と一緒に育てたことがあります（写真1）。こうやって育ててみると、すぐに交差養育法はフェアではないという

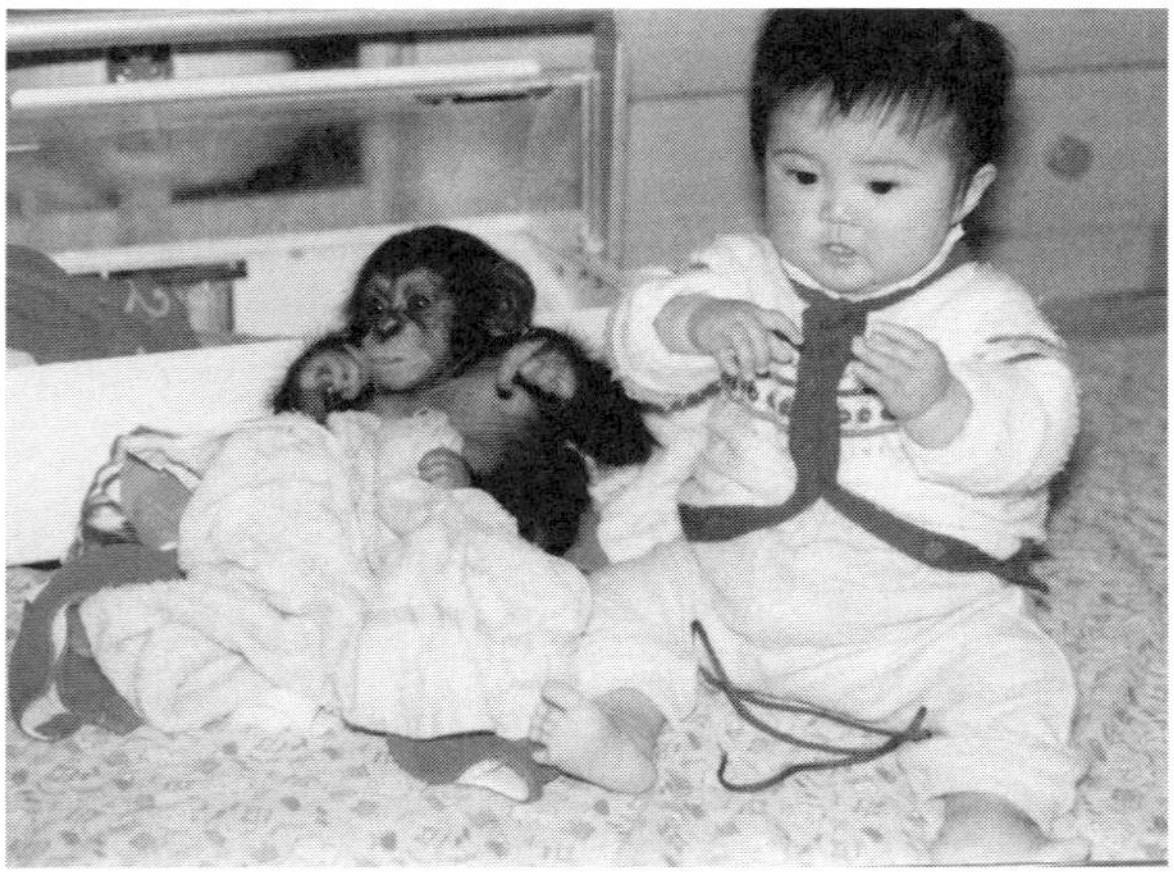

写真１

ことに思い当たりました。なぜなら、うちの娘には両親がいるわけです。でもチンパンジーには両親がいないわけですよね。チンパンジーの赤ちゃんはお母さんがいないと膝を抱えて背を丸め、うつろな目をして、まるで鬱になったようになります。本来育てられるべき母親から離されて、本来暮らすべき仲間から離されて、まったく別の種類の生き物の環境に無理矢理適応していくわけです。もし「交差養育」というのだったら、チンパンジーに育てられた人間の赤ちゃんというのもなければいけないですよね。そうではないわけですから、この手法はチンパンジーの本来の認知発達をみるには不適切だし、そういう研究は倫理的に見てもはやしてはいけないのではないか、と思っています。

　したがって二〇〇〇年にアイが息子のアユムを産む、といったことをもとにチンパンジーの認知発達研究を志したときは、交差養育法という百年間使われてきた方法に対して、参与観察法（participation observation）という新しい研究方法を考案しました。ようは本来のお母さんに育てられているチンパンジーの赤ちゃんの発達を、その日常に生活のなかに参与・参加しながら観察する方法を考えたのです。幸いお母さんとわれわれ研究者の間には長年培ってきた絆がありますから、「ちょっとお宅のお子さんを貸してください」という形でいろいろな検査をすることができるわけです。私とアイとアユムだけではなく、准教授の友永雅己先生とクロエとクレオという母子、それから助教の田中正之先生とパンとパルというように、三組のトリオ（チンパンジーのお母さんと赤ちゃんと研究者）で二〇〇〇年から比較研究を始めました。

2 チンパンジーの出産

赤ちゃんがしがみつき、お母さんが抱きしめる

　人間は約３kgで生まれてきますが、チンパンジーは約２kgで生まれてきます。人間は十月十日で生まれると言いますが、そういう数え方で言えばチンパンジーは約９カ月で生まれます。二〇〇〇年にアイがアユムという名前の男の子を産みました。アイは出産してすぐに自分でアユムを抱きましたが、みんながみんなそうできるかというとそうではなくて、だいたい飼育下のチンパンジーの場合には、およそ二例に一例という高頻度で育児拒否になります。産んでも抱くこ

とができない。あるいはギャッといって飛び退く。抱くのは抱くのですが天地が逆になって頭を下に抱いてしまう。いろいろな理由があって育児拒否と判断され、人間が介入して子どもを取り上げる、ということがずっと行なわれてきたわけです。

　アイと同じ二〇〇〇年に出産したクロエの場合は、抱くことができず産み捨ててしまいました。仕方がないので一晩だけ保育器に入れて過ごさせ、翌日親子を対面させました。最初は人間が中に入ったのですが、クロエの態度が赤ちゃんと人間の間を行ったり来たりして〝あなたが抱きなさいよ〟と言わんばかりの態度で人間に援助を求める感じでした。そこで、人間は退出してお母さんと子どもだけにしました。赤ちゃんはホホホホと泣いて親を求めます。クロエも気にはしているのですが、抱けません。赤ちゃんは、ついに悲鳴をあげて……、そのとき赤ちゃんの左手がクロエをつかみました。赤ちゃんは握った手をけっして離しません。赤ちゃんには、しがみつく、手に何かがあったら握りしめる、乳首を探す、乳首を探り当てたらお乳を飲む、という一連の行動が強固な反射としてもって生まれて備わっています。クリンギング、グラスピング、ルーティング、サッキングという一連の反射ですね。赤ちゃんが離さないと、しかたないという感じでお母さんが抱きしめます。そこが重要なポイントなのです（写真２）。

写真２

人間もチンパンジーも、子育てはかなりの部分が学習

三人目のパン、これはうちの娘と一緒に育てたあの赤ちゃんなのですが、パンも赤ちゃんを産んだ後、抱けませんでした。パンの場合には人間が部屋の中に入って赤ちゃんをお母さんの胸にポッとくっつけました。赤ちゃんがしがみつくとお母さんが抱きしめる。一度そうなるとその後は絶対に離しません。チンパンジーの親子の場合には人間の親子と違って、「抱きしめる、しがみつく」という関係が生まれてすぐから始まって、一日二十四時間ずっと抱きしめています。生後三カ月間は手離しません。赤ちゃんはそのままおしっこやうんちをするわけですからお母さんの下腹のあたりはいつもちょっとグショッと濡れているのですが、常に赤ちゃんを抱いているわけです。

　クロエとパンの事例を通して確信するにいたったのですが、お母さんは必ず子どもを抱きます。普通、動物園ですとこういう場合は赤ちゃんを取り上げて人工保育にしてしまうのですが、お母さんは抱けないわけではない。赤ちゃんがしっかりとしがみつきさえすれば、お母さんは抱くのです。母性本能という言葉があるように生まれた子どもを育てるのは当たり前だろうとついつい思いがちですが、実は人間もチンパンジーも子どもを育てるということは、かなりの部分が学習によっていることがわかりました。もちろん本能で支えられている部分は大きいのですが、その本能で支えられているものが適切に現れるためには、適切な環境で育たなければいけない。最初の親子関係で言えば、子どもがお母さんにしがみつくことが第一にあって、その結果としてお母さんが子どもを抱きしめる。細かく見ればそういう二段階の過程が見えてきたわけです。

3 チンパンジーの認知発達

人間と同様、チンパンジーは目と目で見つめ合う

京都大学霊長類研究所では、チンパンジーのお母さんと研究者との間に絆をつくり、さっきお話した参与観察法によって、お母さんたちの手を借りてチンパンジーのさまざまな認知機能の発達を研究しています。例えば新生児の表情模倣の研究。お母さんが抱いている赤ちゃんの顔を見ながら口を大きく開ける、あるいは舌を長く出す、唇をすぼめて突き出すといったさまざまな表情をつくったときに、いったいどのように赤ちゃんが反応するのか……。人間の新生児はこういった表情を模倣することが知られているのですが、チンパンジーにもこの模倣能力

写真３

あるということがわかりました（写真3）。

それからチンパンジーの赤ちゃんによる表情認知の研究も行いました。正面を向いている顔と横向きの顔の二つ写真を見せると、チンパンジーの赤ちゃんは正面顔を好みます。横向きの顔よりも、正面を見ている、視線が前を向いているものを見るわけですね。すなわちチンパンジーには視線に対する感受性があるということです。人間と同じようにアイコンタクトをとること、目と目で見つめ合うということがチンパンジーの場合にもとても大切です。でも、ニホンザルはだめなのです。野猿公園等の注意書きに「サルの目を見ないでください」と書いてありますよね。サルの場合には、目を合わせてじっと見るのは「にらむ」という意味しかありません。ですから、じーっと目を見ていると、向こうがギャッといって怒るか、キャッといって顔を背けるかどちらかです。チンパンジーの場合には「親愛の情をもって見つめる」ということが成り立ちますし、実は微笑みもあります。

「新生児微笑から社会的微笑へ」というのも人間と共通

微笑みについて言えば、人間の場合は新生児微笑が知られています。目を閉じたままでにっと（笑）。こういうものを新生児微笑と言います。これは機械的に微笑んでいるわけです。お母さんがいるからではなく、耳元で音がしたり、ベッドが軽く揺すられても微笑みます。すなわち生まれながらにして人間は微笑むようにできているわけです。じゃあチンパンジーの場合はどうだろうか。その答えを見つけるために、水野友有さんという大学院生（現在、中部学院大学講師）が、毎晩、赤外線の投光器で照らして夜のお母さんと赤ちゃんのようすを記録しました。この写真にあるように、まどろんで目を閉じた口元が微笑んでいますね（写真4）。たしかにチンパンジーにも人間と同様に新生児微笑があることが発見されたのです。

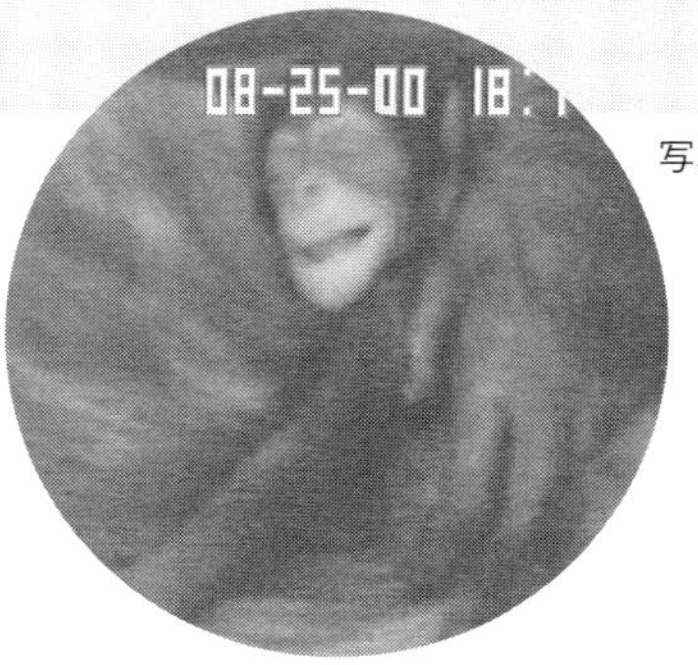

写真４

3カ月くらいになると、人間もチンパンジーも目をしっかりと見開いて、相手の目を見ながら微笑むようになります。これを新生児微笑と区別して社会的微笑と呼んでいます。チンパンジーの微笑みの研究を通じて、チンパンジーの場合も人間と同じように、新生児微笑はだいたい生後2、3カ月に向かって消えていき、そのかわりに社会的微笑が増えていく、ということがわかりました。すなわち、こういった新生児微笑があり、社会的微笑に移行するというのはヒトとチンパンジーとで共通するものであり、五百万年前の共通祖先から受け継いできた、いわばコミュニケーションの基盤にある対面のやり取りなのだということがわかったわけです。

4 親子関係の進化

「子育て」が始まったのは、およそ三億年前

人間の心は進化の産物です。同様に、親子関係も進化の産物です。地球が四六億年くらい前に誕生して三七億年くらい前に生命が誕生しました。しかし、子育てが始まったのは約三億年前です。進化という観点で言うと、子育ては比較的最近始まった行動です。親が子どもを育てるのは当たり前じゃないか、と思うかもしれませんが、いま地球上にいる何百万、何千万の生命のなかで、子育てをする種は本当に限られています。鮭がイクラを育てたりしないですよね（笑）。蛙がオタマジャクシを抱きしめるということもないわけです。ですから産んだら「産みっぱなし」というのが基本的な親子関係です。そうした親子関係のなかで、子どもを育てる、自分自身の命を、蓄えるべきエネルギーを使ってでも子どもに投資をする、という子育てを始めたのはだいたい三億年前です。現在生きているもので言えば、ほ乳類。おっぱいをあげますよね。鳥類。卵を温めます。恐竜の一部も卵を温めていたと考えられます。したがって、それらの共通祖先がいただいたい三億年前に、産みっぱなしではな

く「子どもを育てる」ということを始めたと理解できます。

神経学で使われるボイタ法という四肢の発達の様子を調べる方法のなかでコリス水平と呼ばれる姿勢の発達があります。コリス水平は赤ちゃんを横抱きにひょっと抱き上げるときの四肢の動きを観察するものです。この姿勢について、京都大学の故田中昌人先生、滋賀県立大学の竹下秀子先生と共同研究をしました。コリス水平の第一段階では上肢も下肢も体を支持しません。でも、第二段階になると上肢が伸びて体を支えようとします。第三段階では上肢だけでなく下肢も伸びて、体を支持します。このような姿勢の発達、四肢の運動能力の発達は、カニクイザル、ボンネットザル、アカゲザル、チンパンジー、オランウータン、ヒトといった霊長類の広い範囲で共通しているということがわかりました。このように、姿勢反応の運動機能発達は霊長類で共通しているのですが、親子関係のあり方はすごく違います。運動機能に還元できない、もっと違う認知的なものが、親子関係には関わっているのです。

「抱きしめる」は霊長類の親子関係の進化の過程で登場

ワオキツネザルという原猿類の仲間の一種では、子どもはお母さんにしがみつきます。だけどお母さんは子どもを抱きしめません。ですから霊長類の親子関係の進化の初期段階では、子どもがしがみつくだけで、お母さんは子どもを抱きしめない。進化のある段階になって初めて、お母さんも抱きしめるようになった。赤ちゃんにとってしがみつくことがとても重要であることは、チンパンジーやオランウータンの赤ちゃんを仰向けに寝かせるとよくわかります。仰向けで安定していないのですね。右腕と左の下肢とが挙上し、しばらくするとゆっくりとそれが下がって反対側の左手と右足があがってきます（写真5）。もがいているわけですね。本来チンパンジーはお母さんと離れないようにできているわけです。それが無理矢理に離されたときに、なんとかしてしがみつくものがないかと努力するわけです。

親子関係の進化の過程には、いくつかのステージがあります。まず、ほ乳類になって初めて、ミルクを与えるようになりました。何百万、何千万の生命があっても、現在地球上で約四五〇〇種類のほ乳類しかおっぱいで子どもを育てません。さらにわずかに約二二〇種類の霊長類だけが、子どもがお母さんにしがみつくようになりました。犬も猫も牛も馬も、しがみつく、抱きしめる親子関係はあり

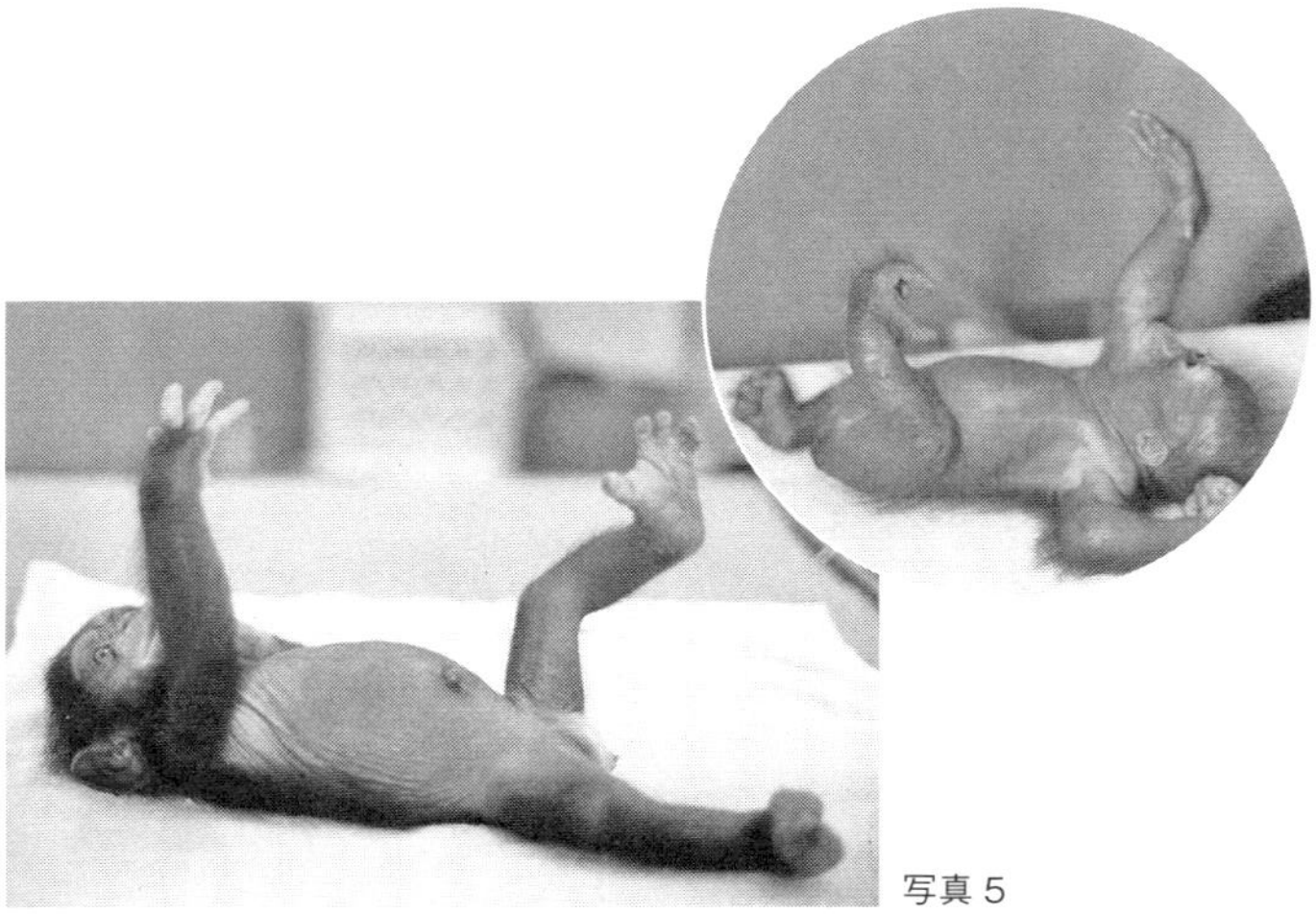

写真５

ません。霊長類だけが樹上に生活を移し、その環境に適応して、四肢の先端で物を握りしめられるようになったのです。他のほ乳類というのは基本的には地上性です。牛も馬も犬も猫もキリンも象もみんなそうですよね。そして霊長類の中のわずか数十種類の真猿類しかお母さんが子どもを抱きしめません。原猿類では子どもがしがみつくだけで、お母さんは抱きしめないのです。

5 チンパンジー研究から見えてきた人間の子育て

母子が物理的に離れたから、「泣く」ことが必要になった

人間の特徴は何かと言うと、声でやりとりをする。あるいは手を振る。目と目を合わせる。これは基本的には仰向けの姿勢で安定しているからですね。さらに言うとお母さんと子どもが物理的に離れたからです。そこまでの霊長類の進化の過程で言うと、お母さんと子どもは常に一緒にいる。「しがみつき、抱きしめる」という関係で進化してきたけれども、人類が出現して初めて、お母さんと子どもが離れました。人間の赤ちゃんはだいたい二〇～二五％くらい体脂肪があります。チンパンジーの赤ちゃんの体脂肪を計って大変驚いたのですが、四～五％です。脂肪にくるまれていないのです。なぜならお母さんがいつも抱っこしてくれているから。人間の赤ちゃんはお母さんと離れて地面に置かれても寒くないように、脂肪でプヨンプヨンにくるまれているのだということがわかってきたわけです。人間の赤ちゃんは仰向けで安定していますから、のぞき込んできたお父さんお母さんと目と目を見つめ合う。手で物を介して関わる。ガラガラを振る。あるいはそういった赤ちゃんに〇〇ちゃんと声をかける。赤ちゃんも声で呼ぶ。だってそうですよね、お母さんは離れて台所で仕事をしているわけですから、赤ちゃんが手を振ってもお母さんは振り向いてくれません。声に出して呼ばなければいけない。ですから「泣く」特に「夜泣きをする」というのは人間の赤ちゃんの特徴です。チンパンジーの赤ちゃんは夜泣きをしません。いつもお母さんが抱きしめているから泣く必要がない。静かな赤ちゃんです。

ただ、見つめ合うことの進化的な起源はチンパンジーにも共有されています（写真６）。チンパンジー、ゴリラ、オランウータンといった類人（あえて類人猿という言葉を使いません。最近、猿ではないのだからというので「猿」をとって類人と呼ぶようになっています）は、お互いに目と目を合わせるということをします。アイコンタクトが

写真６

ある、あるいは新生児微笑から社会的微笑への発達があるのです。

「まとめて産んで、みんなで育てる」のが人間の子育て

チンパンジーは五〇歳くらいまで生きます。アフリカの本来の暮らしでは、五～六年に一度くらいの出産率で、死ぬ間際まで産んでいます。簡単に言うとチンパンジーは、五～六年かけて母親が子どもを一人ずつ大事に育てあげています。一方人間はどういうものかと言うと、人種間の差は大きいですが約六四組に一組くらいの頻度で双生児が生まれ、また年子もたくさん生まれます。双生児はチンパンジーにもあるけれど人間ほどたくさんありません。また、チンパンジーに年子は絶対にいません。二、三年おきに子どもを産むということもありえません。「双生児や年子も多く、二、三年おきに子どもをまとめて産む」というのは人間という生物の特徴です。もしもチンパンジーと同じように時間をかけて一人の子を育てていたら、人間の子育てはチンパンジーの約一・五倍かかるとして、九年くらいでしょう。一人の子どもを一人前に育てようとしたらそれくらいはかかります。二〇歳で産んで、二九歳で産んで、三八歳で産んで四七歳で……というのはむずかしいでしょう。生物としての体はそんなふうに長期間産むようにはできてはいないわけです。そのかわりにどうしたかと言うと、体の仕組み、生理のほうは変えずに、子育てのしかたを人間は変えました。伴侶、パートナー、夫や祖父母、広い意味でのヘルパーの援助を得て、「子どもたち」を育てる。まとめて産んでその子どもたちをみんなで育てるのが、人間の子育てのユニークな特徴だということが見えてきました。

今日はまだほかにもたくさんお話申し上げたいこともあるのですが、時間がまいりました。チンパンジーの親子関係を通じて見えてきた人間の親子関係、その進化的な基盤についてお話をしました。ご静聴ありがとうございました。

質問と回答

チンパンジーの教育と人間の教育

●会場からの質問　教育活動の進化的起源ということを考えたときに、チンパンジーは子どもが教えを求めるとか、教えてうまくいったら褒めるとかといった行動はないと伺っています。そういうところに人間とチンパンジーの親子関係、それから文化を学ぶということの連続性と違いがある。それが教育の起源とともに、とりもなおさず私たちの教育の在り方にも関わってくると思うのですが、そのことについてお考えをお聞かせください。

■松沢　チンパンジーの教育は簡単に言うと、三つに要約できます。親が手本を示す。子どもがそれを見て真似る。そして子どもが自主的に関わる限り親は非常に寛容である。私は、チンパン

ジーの母親が子どもを叱ったり叩いたりじゃけんにしたり、というところを見たことがありません。野生のチンパンジーは石を使ってナッツ割りをします。でも、割ったナッツを「はい、お食べ」とはしないのですね。「こうやって割るんだよ」と手を取って教えることもしません。だけどお母さんは、割った種の中身のおいしい核を子どもがもっていくのを許します。またお母さんがナッツを割る。子どもがもっていく。また割る。もっていく。ですから「はい、お食べ」ということはしないのだけど、子どもの側から自主的に関わる限りはとても寛容だ、というのが印象的でした。

　教えるということはたしかに人間らしい教育です。でもその一歩手前に手を差し伸べる。手を貸す、といったものもまた、人間の教育だと思います。さらに言えばもっと手前で、「認める」。人間の子どもがお砂場デビューを果たすところを考えると、まずお砂場へ入る前にお母さんを見ますよね。そしてお砂場へ行く。上手にスコップで砂をすくってバケツに入れられた。またお母さんを見ますよね。するとお母さんはうなずく。チンパンジーの母子関係では決してそういうことは起こりません。チンパンジーのお母さんは見守ってはいますけれども、うなずいたり、「上手にできたわねぇ」と褒めたりということはない。すなわち、人間の人間らしい教育の原点として、子どもは親に承認を求めるし、親は承認を与えると。認めるというのは教えるということよりも一歩か二歩手前にある、極めて優れた人間的な教育なのだと考えています。

チンパンジー研究者として、お父さんとして

■**司会**　最後に一つだけ……。こうした研究をされて、先生は良いお父さんになられましたか?

■**松沢**　むずかしい質問ですね。自分としてはとても良い父親だと思っていました。必ず夕方六時には帰って九時まで家にいて、晩ご飯を一緒に食べて、子どもをお風呂に入れて、九時になったらまた研究所に行って一二時まで働いて……という生活をしていました。でも心はそこになかったのかもしれません。そのころ、忘れられないエピソードがあります。娘が小学校三～四年生だったと思います。一緒にお風呂にはいっていたのですが、突然、「アイちゃんと私とどっちが好き?」と聞いたのです(笑)。ぜんぜん用意していなかったので、そこが研究者の悲しい性なのですが、問われると答えを考えるのですね(笑)。どっちかなあと考えている。それが非常にまずかった。本当に一週間か十日、口もきいてくれなかったですね。でもそれからは心して、「もちろん君だよ」といつでも言えるように努力して過ごしてきました。幸い、今はちゃんとした大人になっていると思います。

お読みになって
みませんか。

赤ちゃん学会の第1学会誌

ベビーサイエンス (BABY SCIENCE)

「ベビーサイエンス」は、赤ちゃん学の基礎研究者が最新の研究成果を誌上で討論する、新しい試みの学会誌です。最新号であるvol.07（2007年度）のターゲット論文は下記のラインナップです。各ターゲット論文にはコメント論文を寄せていただき、それらのコメント論文に対してターゲット論文の著者から回答論文をお書きいただく、という構成になっています。オープンなディスカッションが新しい研究への糸口となることを期待しています。年に1回発行。

vol.7（2007年度）のターゲット論文

●胎児行動による中枢神経機能の評価（諸隈誠一〈九州大学病院　産科婦人科〉／福嶋恒太郎，中野仁雄，和氣徳夫〈九州大学大学院医学研究院　生殖病態生理学〉

●自己認知と自己評価の発達とその神経基盤（守田知代 1, 2 ／板倉昭二 1, 2 ／定藤規弘 1, 3〈1 科学技術振興機構，2 京都大学文学研究科，3 自然科学研究機構生理学研究所〉）

●2次運動を中心とした運動視の発達（加藤正晴〈東京女子医科大学 乳児行動発達学講座〉）

「ベビーサイエンス」バックナンバーのご案内

【vol.01】

言語習得における身体性とモジュール性：聴覚障害とウィリアムズ症候群の場合の比較を通じて（正高信男）／生体アミン神経系の機能障害から子供の脳を守る：精神遅滞・発達障害と乳幼児突然死症候群の発症機構（岡戸信男・成田奈緒子・成田正明）／3歳児神話：その歴史的背景と脳科学的意味（榊原洋一）

【vol.02】

身体的コミュニケーションにおける引き込みと身体性：心が通う身体的コミュニケーションシステムE-COSMICの開発を通して（渡辺富夫）／ヒトの赤ちゃんを生みだしたもの、ヒトの赤ちゃんが生みだすもの：発育・発達の時間的再編と行動進化（竹下秀子／板倉昭二）／最近の周産期医療の発達と脳障害（鮫島　浩／川越靖之／池ノ上　克）

【vol.03】

システムとしての発達を考える（河合優年）／3歳児神話をめぐる発達臨床：乳児院入所あるいは乳児期大脳半球一側損傷の長期予後（石川　丹）／発達科学におけるニューロイメージングの役割：光によるニューロイメージング法を中心に（牧　敦／山本由香里）

【vol.04】

認知発達ロボティスクによる赤ちゃん学の試み（浅田　稔）／乳児の旋律聴取研究（二藤宏美）／LD, AD/HD, HFPDDの今（小枝達也）

【vol.05】

乳児期初期における顔認知の発達と運動情報の効果（大塚由美子／山口真実）／乳幼児期の言語発達を支える学習メカニズム：音声から意味へ（梶川祥世／今井むつみ）／乳児期の発達と映像メディア接触：影響性に関する因果推定の可能性を探って（菅原ますみ／酒井　厚／服部　弘／一色伸夫）

【vol.06】

乳児の情動研究：非接触法による生理学的アプローチ（松村京子〈兵庫教育大学大学院臨床・健康教育学系〉）／姿勢制御・粗大運動機能に障害をもった子どものための機器開発（高塩純一〈第一びわこ学園〉・口分田政夫〈第一びわこ学園〉・内山伊知郎〈同志社大学文学部〉・Joseph J. Campos〈University of California, Berkeley〉・David I. Anderson〈San Francisco State University〉）／乳児の人工物認知と人認知（開　一夫〈東京大学大学院情報学環／大学院総合文化研究科〉・旦　直子〈東京大学大学院総合文化研究科〉・有田亜希子〈東京大学大学院総合文化研究科〉）

●「ベビーサイエンス」の最新号およびバックナンバーは、1冊3,000円（会員は1,500円）。送料は別です。
赤ちゃん学会本部事務局で取り扱っております。
日本赤ちゃん学会本部事務局　〒162-8666　東京都新宿区河田町8-1　東京女子医科大学　乳児行動発達学講座内
TEL：03-5919-2285　FAX：03-5919-2286　E-mail：akachan_gakkai@ibcd.twmu.ac.jp

今年も開催します

保育および育児支援のための

『新・赤ちゃん学入門講座』

日本赤ちゃん学会は、「赤ちゃんを知ること」が育児や保育にとって最も重要であると考えます。それには、保育や育児支援の現場にいらっしゃる方々に、赤ちゃんのなぞの解明に取り組む認知発達心理学や、発達神経学や脳科学などの基礎研究の成果をお伝えすること、さらに現場での生き生きとした情報を得ることのできる交流の場をつくることが、ぜひとも必要だと思います。

そこで昨年、産経新聞と日本赤ちゃん学会は、これまでの基礎研究を育児や保育の現場と共有すべく「保育および育児のための『新・赤ちゃん学入門講座』」を実施しました。保育士や子育て支援に携わっておられる約50名の方々が講義を受けられ、科学的実証に基づいた講義は実際の保育や育児に大変役立つと好評をいただきました。

「東京でもぜひ開講してほしい」とか「もう少し現場に近い講義もほしい」などのご意見もあり、今年度は昨年に引き続き大阪だけではなく東京でも開催することになりました。今年度の講座は下記のような内容です。発達障害や育児不安への対処法など現場に密接した講義も新設しております。

赤ちゃんの持つさまざまな認知や運動能力、あるいは社会性や言語の発達のメカニズムについての講義を受講いただき、その事実に基づいて赤ちゃんの見ている、感じている世界を知っていただき、それらを実際の保育や育児に役立てていただきたいと思います。ぜひ、ご参加ください。

（日本赤ちゃん学会理事長　小西 行郎）

平成20年度「新・赤ちゃん学入門講座」のテーマ（予定）

第1回　赤ちゃん学入門／赤ちゃんの視覚世界
第2回　赤ちゃんの社会性／赤ちゃんと言語
第3回　赤ちゃんと情動／赤ちゃんと生活リズム
第4回　赤ちゃんとメディア／赤ちゃんと音楽
第5回　赤ちゃんと保育環境／赤ちゃんと遊び
第6回　姿勢・運動の発達／チンパンジーの子育てから学ぶ
第7回　子育て相談の心得／発達障害の基礎
第8回　地域支援を考える／パネルディスカッション

＊都合により変更の可能性がございます。

◉「講座」についてのお問い合わせは赤ちゃん学会事務局にお寄せください。

TEL：03-5919-2285　FAX：5919-2286　　E-mail akachan_gakkai@ibcd.twmu.ac.jp

開催の日時、会場等に関する詳細は、学会ホームページでご案内いたします。　http://www.crn.or.jp/LABO/BABY/

フンザの泥おむつ

榊原洋一（さかきはら・よういち）お茶の水女子大学教授

インターネットによって瞬時に世界中の情報を手に入れることが可能になり、また航空機による移動手段の発達で地球の主だったところへは、ほぼ一日以内で行ける世の中に私たちは住んでいます。グローバリゼーションという言葉に象徴されるように、現在地球上に住んでいるすべての人々の暮らしが、均質化してきているような印象を持ちます。

学問の世界では、確かに均質化が起こっています。私の専門である小児科学においては、優れた研究や調査結果は、それぞれの地域の言葉ではなく今や国際語化した英語で発表されます。そしてそうした発表結果をインターネットの文献検索システムで、たちどころに検索し読むことができます。医療施設や器具、あるいは薬品は経済的な理由で、まだ世界の地域による格差がありますが、医学知識そのものにはそのような格差はありません。

アフリカやアジアの発展途上国の小さな村や町の診療所でも、そこに勤務する医師は、先進国の医師が知っている医学知識と同等の知識を持っています。最新の医療機器や、新しく開発された医薬品についても、知っています。ただ、それを使用する機会がないだけです。

こうした知識のグローバリゼーションは、専門家に時に一般の人々の生活について、誤った解釈をさせる要因になります。

フンザの泥おむつ

子育ての医学と文化

私は小児科医として、長い間乳幼児健診や、育児相談に関わってきました。乳児健診は、子どもの成長発達と健康について、医師や歯科医師が問診と診察を行いますが、同時に子どもの成長や発達、栄養、環境といったさまざまなことについて質問を受け付けます。

子どもの具体的な身体上の心配事や、言葉、行動などの発達上の問題、あるいは日常生活についてのさまざまな質問が寄せられます。そうした質問には、科学的（医学的）にきちんとした回答ができるものが大半を占めています。

「予防注射は何を受ければよいのか」

「この時期の母乳の量はどのくらいが普通なのか」

「アトピー性皮膚炎にはどう対処すればいいのか」

こうした医学上の質問に対して、私たち医師は、事実に基づいたデータの上に「科学的」な回答を出すことができます。

しかし、同時に、医学的あるいは科学的には回答することができない質問もたくさんあります。

「紙おむつと布おむつではどちらがよいのか」

「絵本を与えるのは何カ月からがいいのか」

「聞かせる音楽は何がいいのか、やはりモーツァルトがよいのか」

「トイレトレーニングの方法で一番よいのはどれか」

「読み聞かせはしたほうがよいのか」

「入浴は毎日すべきか」

こうした質問には、科学的な解答はありません。なぜなら、育児は医学的側面があることは確かですが、同時に文化的な行為でもあるからです。

しかし、多くの親は、こうした質問に対しても、科学的で証明された答えがあると思っています。そして、わが子には良いことをしてあげたくさんしてあげよう、と考えるのです。わが子に、良いことをできるだけたくさんしてあげよう、という考えは、きわめて自然なことです。しかし、育児のあらゆることに正しい回答が得られるはずだという前提は、間違っているのです。

たとえば最後の「入浴は毎日すべきか」という問いへの正しい解答はあるのでしょうか。

日本の多くの小児科医や親は、毎日入浴するのは常識、と思われているかもしれません。しかし、世界を見渡すとそうではないことがすぐにわかります。英国で出版された育児書の監修をしたことがあります。訳文を監修していた私は、乳児の入浴に関する記載を読んでいて一瞬誤訳ではないかと目を見張りました。そこには、次のように書かれていたのです。

「入浴は、一週間に一回くらいが適当である」

蒸し暑い日本の夏に、乳児をこの英国の育児書に従って一週間に一回しか入浴させなければ、全身があせもで覆われてしまうでしょう。あるいは、伝染性膿痂疹（とびひ）が多発することになります。

　おむつは布がよいのか、紙が良いのか、という質問は最近は少なくなりましたが、紙おむつが日本で普及し始めた三〇年ほど前は、大いに議論されたものです。

　しかし、こうした議論は、世界中どこでも起こる議論ではないのです。

フンザ

　日本での子育ての常識は、世界中の常識ではないことを私が実感したのは、今から三〇年前のパキスタンの北部フンザにおいてです。

　日本での医学が、決して世界の医学の標準的な形ではないことを、私たちは当時の寄生虫学の教授（佐々学先生）から、講義のたびに聴かされていました。佐々先生は医学生だった私たちにいつも口癖のように「君たちの学んでいるのはお茶の水医学だ」と言っていました。つまり、大学の界隈であるお茶の水という一地域で標準として通っている医学であって、世界の中では決して「標準的」ではない、という意味です。当時、まさにお茶の水医学しか知らなかった私が、佐々先生の言葉を実感したのも、同じく三〇年前のパキスタンにおいてでした。

　小児科での研修を終えた私は、一九七七年の夏に、東京都庁の山岳部のカラコルム山脈遠征登山隊の随行医師として、羽田を発ちました。私たちの乗ったパキスタン航空機は北京空港でいったん着陸

ベースキャンプにて。後方はバツーラ山（7800m）

育児文化国際比較

フンザの泥おむつ

したのち、チベットとヒマラヤを越えて、パキスタンの首都ラワルピンジーに到着しました。ラワルピンジーで装備を整えたり、インドとパキスタンの両国が領有を主張する地域に入るための許可を得たりしたのち、ギルギットに飛行機で向かいました。一回目のフライトでは、飛行機が悪天候で峠を越せずに、いったんラワルピンジーの空港まで戻り、翌日再度峠越えを試み無事ギルギットに到着するという珍しい経験をしました。カラコルム山脈は八千メートルの高度があり、五千メートルを越える峠は空気が薄いので、プロペラ機では、天候の良いときに峠をかすめるように飛ぶ必要があるのです。飛行機で峠越えを失敗するという体験は後にも先にもこのときだけです。そこからフンザ川沿いのがけっぷちの道をジープで丸一日行き、そこから地元で雇った百名くらいのポーターとともに、氷河に沿って標高五千メートルのベースキャンプまで入りました。

　私の乗ったジープは、ハンドブレーキが利かないために、急坂の途中で止まるたびに、ジープの後ろにしがみついて乗っている少年が、そのたびに飛び降りてタイヤの下に石を押し込んで止めるという大変スリルのあるドライブでした。このジープは、私たちの登山隊が入った翌年、この道ではるか下の川に転落し、運転士は死亡したとのことです。

　氷河に沿って五日かかって登りましたが、途中の部落では、医師である私が村民の診察をすることが、入山の条件の一つでした。

　毎日、テント脇で診療所を開設しましたが、医師の診療を見ようという百人近い村民の野次馬に囲まれながら、お茶の水医学しか知らなかった私は二度と体験のできないさまざまな珍しい経験をしました。

泥オムツとの出会い

　大変長い前置きになってしまいましたが、そこで私が見たのが、表題の「泥おむつ」でした。

　ある日、下痢をしているという訴えで、乳児が連れてこられました。現地語(シーナ語)とパキスタンの公用語であるウルドー語のわかる現地通訳と、ウルドー語から英語に訳す通訳の二人の通訳を介してのまどろっこしい診察でしたが、乳児の下痢の診察の基本に忠実に、おむつを取って下痢便を見せるように言いました。

ぼろ布を合わせたようなおむつカバーをはずしたその中に見たものは、私の想像をはるかに超えた異様な光景でした。

　乳児の腰から下全体が、なんと多量の真っ黒な便に覆われているのです。これほど多量の便は見たことがない……、と絶句しかかりながら良く見ると、その黒いものは便ではなく、泥だったのです。いぶかしげな顔をしている私に気づいた、その乳児の父親は、やおら子どもが寝かされているビニールシートの下の乾燥した土（泥）を手でつかんで、その子の股間にさらさらとかけて見せたのです。

　そうです。多量の真っ黒な便と思われたものは、尿で湿った泥だったのです。本物の便は、少量肛門の周りにあるだけでした。

　フンザ地域は乾燥地帯です。川の周囲にこそ木が生い茂り、整然とかんがいされた畑は麦の緑色がきれいですが、周囲にそびえる山には全く植物は生えていません。かんがいされていない土壌は、ホコホコした乾燥した土です。

　紙おむつどころか、布でさえ不足しているフンザ地域では、乾燥した土を糞尿の吸収剤として乳児の下半身を包むように入れる泥おむつが、標準的な育児アイテムだったのです。

　なんと原始的な、と思われる方もいると思いますが、考え方によっては、このアイデアは、お茶の水育児の先を行っていたのかもしれません。布おむつから紙おむつへと進化した、私たちのおむつは近年は紙の間に吸水性の良い樹脂を挟んだものが標準になっています。あのフンザの乾燥した泥は、まさにそのアイデアを先取りしていたというべきなのかもしれません。

おむつのない子育て

　フンザでの経験で、私は育児文化の多様性の一部を垣間見たのだと思います。布おむつか、紙おむつ以外の選択肢があることは、少なくとも日本に住んでいる限りは、想像することもできません。

　泥おむつに続いて、今でもおむつを使用しない地域があることも知りました。ＮＨＫの「発見世界の子育て」という一年間のシリーズの製作をお手伝いしたことがありますが、おむつも主題の一つに取り上げました。私としては泥おむつを紹介したかったのですが、場所が場所だけに断念

育児文化国際比較

フンザの泥おむつ

ギルギットの子どもたち

しました。しかし、スタッフがタイに、おむつを使用しない地域があることを聞きつけてきました。タイの湿地帯にある村では、全くおむつを使用していないというのです。結局取材チームが直接出かけておむつのない子育ての様子を収録することができました。

そのタイの村では、住宅は川の上にあります。床の下を川が流れているのです。取材した家庭にはちょうどはいはいを始めたばかりの乳児がいました。熱帯の暑い気候のために、その乳児はまったく素っ裸で生活しています。

では排泄はどのように処理されているのでしょうか。基本的には二通りの方法で対応していました。親の気がつかないうちに床の上に排泄してしまった場合は、雑巾でささっと拭いておしまいです。床はピカピカ黒光りする固い木材なので、それできれいになります。

不潔だなと思われると思いますが、実は粗相をしてしまうことはほとんどないのです。

時々ころあいを見計らって、乳児を縁側に連れてゆきます。縁側の下は川です。そこで、乳児を親の両足の間にまたがらせ、子どもをゆすったり声をかけると、それに促されるように、両親の両足の間から上手に排泄をするのです。

大小どちらの場合でも、子どもの様子でわかるのだ、と家族は取材に答えていました。実際におばあちゃんが、そのコツを実演してくれました。乳児の様子を見ていたおばあちゃんが、「大きいほうをするよ」といって、縁側にいって足の間に座らせると、まさに予言どおりでした。

このタイの村では、大体1歳になると自分から排泄を知らせるようになります。子どもは自分の排泄物や排泄の様子を毎日見ているので、尿意や便意とその結果を乳児期からよく理解しているのです。おむつをすると、自分の排泄の結果（自分から尿や便がでる→床にそれがつく→家人がそれをふき取る）を見る機会がないので、自分の排泄の結果や、尿意と排泄の関係が理解できないため、3歳ころまで排泄が自立しないことがよくわかります。そして、このこのタイの村のように、自分の排泄の結果を目の当たりにしている子どもは1歳くらいで、排泄はきちんと決まったところでしなければならないのに気がつくのです。

開　一夫／著
岩波科学ライブラリー
定価：本体 1200 円＋税

日曜ピアジェ 赤ちゃん学のすすめ

小西行郎（こにし・ゆくお）日本赤ちゃん学会理事長

Book Review

実はこの本が出版されたとき、書店では心理学の専門書のコーナーに並べられるのか、育児書のコーナーに展示されるのかが私の第一の関心でした。おそらく開先生の希望は育児書のコーナーではなかったかと思うのですが、現実は専門書のコーナーでした。確かに、新生児模倣、コミュニケーション、記憶、物理的知識、模倣学習、自己の認知という項目が並ぶと、これは立派な専門書かもしれません。しかし、先生はこうすることでまだ言葉も言えない子どもの力がわかるよと言いたかったのだと思います。さらに言えば「赤ちゃんの心」の成長が見えてくるかもしれないと言いたいのではないでしょうか。

育児書に新しい風を起こしたいと私も思っています。つまり、赤ちゃんをできるだけ科学的に観察し分析することで赤ちゃんを理解することなくして、「あたたかい育児」はできないのだと思うのです。「スピリチュアル育児」はともかく、科学的根拠のない「早期教育的育児本」や育児には母親の「愛情」が唯一絶対的なものとして「愛情」を強要するかのような育児書が氾濫する現代にあって、赤ちゃんそのものを研究対象として解明していきたいという「赤ちゃん学会」からのメッセージの代表的なものとしてこの本は非常に重要な一冊だと思っています。

「赤ちゃんを知ることがこんなに楽しいものであり、そしてそうすることによって本当の愛情が生まれてくる」のだと私は思っています。どうかこの本に込められた開先生の熱い思いを感じてほしいと私は思っています。そう言えば、学会の後板倉先生や開先生と打ち上げの会をしたときに、自分の娘さんの話をしながら涙ぐんでいた二人の先生の姿をこの本を読んでいたときいつしか思い浮かべていました。良い本ができたと思っています。

なぜ? ホント?

赤ちゃんと育児を科学する

クロストーク Q&A

赤ちゃんや育児については、わかっているようで
実はよくわからないことがいろいろあります。
「こんなふうに言われているけど本当?」
「これは俗説?　科学的に検証された事実?」
「赤ちゃんはどうしてこんなことをするんだろう」等々。
そんな育児の現場からの素朴な疑問の
ひとつひとつに、複数の回答者が
異なる角度から論じ、回答します。

Q1

「赤ちゃんはおむつが濡れると泣く」はホント？

保育の教科書にも「濡れたら泣いて不快を訴える」と書かれているものがありますが、これは本当なのでしょうか？

A1

本当か、そうでないかも、実はまだよくわかっていないのです。

ユニ・チャーム　丹下明子・三野めぐみ

　赤ちゃんはおむつが濡れると泣くのかを考える前に、そもそも赤ちゃんは排泄を認知しているのかどうかを考えてみましょう。赤ちゃん自身がどれくらい自らの排泄を認知しているかを答えることは難しいのですが、赤ちゃんの排泄前から排泄後までをよく観察していると、赤ちゃんの表情や行動が変わることが分かってきました。例えばウンチをする前には手足の動きが緩慢になったりしますし、ウンチをしている最中は何となく不安そうな顔になるなどの変化があります。また、自分の排泄の勢いにびっくりしたような表情をする子もいます。ですから、赤ちゃんにも〝今ウンチをしている〟という感覚があっても不思議ではありません。

　しかし、おしっこやウンチをしておむつが濡れたことで赤ちゃんが不快に感じるかどうかはまた別の問題です。私たちはたくさんの赤ちゃんの排泄の様子を観察していますが、実はウンチやおしっこをした直後に赤ちゃんが泣くのを見たことがありません。もちろん、「泣いたのでおむつを確かめると濡れていた。おむつを替えたら泣きやんだ」という経験は多くの方がお持ちだと思います。しかしこうした場合でも、お母さんに構ってもらいたくて泣いた時にたまたまおむつが濡れていたのかもしれません。おむつを取りかえたら泣きやんだとしても、それは替えてもらったからというより構ってもらって安心したからなのかもしれません。もっとも私たちもすべての赤ちゃんの排泄を見ているわけではないので、中にはおむつが濡れるとすぐ不快を訴える赤ちゃんもいるでしょう。しかし、一般的には紙おむつであれ布おむつであれ、赤ちゃんはあまり気にしていないようです。

　ただ、ウンチやおしっこをした後しばらく放っておくと蒸れます。そのことで赤ちゃんが不快に感じることはあるでしょう。水遊びパンツの開発のとき、赤ちゃんに水遊びパンツをはいて水遊びをしてもらったことがあるのですが、赤ちゃんは水から出た後一時間くらいするとパンツを脱ぎたがりました。パンツが濡れてすぐに気持ち悪くなるのではなく、時間がたって蒸れを感じるようになって初めて気持ち悪くなるのかもしれません。

　赤ちゃんの排泄については他にもいろいろな俗説があります。例えば、布おむつだと気持ち悪いと感じやすいので、紙おむつよりもおむつが早くとれるという説はかなり一般的です。しかし、一九八〇年代に双生児を対象として布おむつを使った子どもと紙おむつを使った子どもとでどちらが先におむつがとれるかを調べた研究では、両者に差はないという結果が得られています。

　私たちのところでもトイレトレーニング用に、子どもが濡れた感覚を感じられる紙パンツを発売していますが、これはおむつを外すためには濡れて気持ち悪いという感覚が必要だと考える多くの利用者の声に応えて生まれた商品です。しかし、おむつ外しにとって濡れて気持ち悪いことが最も重要な因子かどうかは未だ解明されてはいません。このように、赤ちゃんの排泄に関しては、まだ科学的に明らかになっていないことがたくさんあるのです。「説」に惑わされず、実際の赤ちゃんの様子をよく見て対処していきたいですね。

（取材・まとめ／旦　直子）

A2

「濡れたから泣く」のではなく、「泣いたから濡れる」のかもしれません。

愛育小児科院長　平岡政弘

むずかって泣く赤ちゃんをなだめようと、お母さんはあやしたり、抱っこをしたり、おむつを見たりします。赤ちゃんが泣く原因としては、眠い、おなかが空いた、熱い、寒い、抱っこして欲しい、かまって欲しい、気持ちが悪い、からだのどこかが痛いなど何らかの不快さや不安を訴えてのことでしょう。泣いているときにおむつを見てみると濡れていたり、ウンチをしていたりすることは、お母さんも実際よく経験されていると思います。赤ちゃんの健診などでも赤ちゃんが泣いている時におむつを見てみると濡れていることは、確かに多いと思います。このことから赤ちゃんはおむつが濡れると気持ちが悪くて泣くものだと一般に思われているのでしょう。

　おしっこやウンチをしておしりが濡れて気持ちが悪いから泣くというのは、赤ちゃんを見守る大人にはいかにもわかりやすく、説得力があります。しかし、生まれたばかりの新生児を見ている限りでは、おむつが濡れていること

おしっこが先かな？涙が先かな？

を不快とはまだ感じられていないように思えます。お母さんが清潔に気を配って赤ちゃんを育てることによって、皮膚が清潔であることの快感を赤ちゃんが覚えていき、おむつが濡れていることを不快に思うようになっていくのではないでしょうか？

　赤ちゃんが泣いているときにおむつを見てみると濡れていることが多いことのもう一つの理由として、赤ちゃんは泣くと反射的におしっこをすることが多いということです。

　以前、私はエコー検査で数千人の赤ちゃんの膀胱を観察したことがあります。腎臓や膀胱に先天的な異常がないかを早期に発見するためです。膀胱の異常の一つに膀胱尿管逆流というものがあります。これはおしっこをしたときに膀胱から尿管へ尿が逆流するものです。この異常を見つけるためには、おしっこをした直後に尿管や腎盂が逆流した尿で拡張するのを確認する必要があります。

　そのためにはおしっこを誘発する必要がありました。赤ちゃんがおしっこをするのを誘発するにはどうすればいいかをいろいろな点から検討いたしました。そして、二千人の赤ちゃんで実際におしっこをさせて、エコーで膀胱を観察しました。

　その結果、膀胱にたまっている尿が赤ちゃんの体重1kgあたり4ml以上たまっているときには80％以上でおしっこを誘発できること、そして足をつねったり、おなかを押したりして赤ちゃんを泣かせることによっておしっこを誘発することができることがわかりました。泣くことで腹圧が高まり、膀胱の中の圧力を感知する装置が刺激を受けて、神経に伝達し、反射的に膀胱を収縮させるようです。さらに、赤ちゃんは眠っている間にはほとんどおしっこをしないこともわかりました。

　したがって、少なくとも生まれたばかりの赤ちゃんや乳児期早期の赤ちゃんにおいては、おしっこをしておむつが濡れたから泣くというよりは、泣くからおしっこをしておむつが濡れるというのが本当ではないでしょうか。

Q2

いっぱい語りかければ「ことば」は育つ？

ことばが遅いと「語りかけが少ないのでは？」と言われます。語りかけの量はそんなにことばの発達に影響するものなのでしょうか。

A1

「語りかけ」が赤ちゃんの表現行動を豊かにすることはわかっていますが、通常以上に多く語りかけることが、ことばの発達に有効かどうかはわかっていません。

埼玉大学教育学部教授　志村洋子

赤ちゃんに一生懸命語りかけるお母さんやお父さんの姿は微笑ましいものです。赤ちゃんを見つめて手をさわったりし、大人同士での会話とは一味違う優しげな声音で語りかけます。話している内容は？　と聞いていると「かわいいねー」とか「いいこねー」、時には「んー」や「そうなのー」を何回も繰り返すだけのこともあります。赤ちゃんが動きまわり、危険なことや悪戯をするようになるまで、独特な語りかけの特徴は続きます。

語りかけの音声特徴は、①音声全体のピッチ（高さ）が高くなる、②ピッチの上下が大きくなる、③発話の速度が遅くなる、④語尾の上昇パタンの増加、⑤繰り返しの増加、⑥語りかけのタイミング（潜時）の拡大、の六つがあげられ、これらの特徴をもつ語りかけを一般的にマザリーズ（motherese）＝母親語とよび、これまで調べられてきた先進諸国の言語に共通した特徴であることがわかっています。

では、育児の中でこのような語りかけがことばの発達を促し、早くから日本語話者に育てていくのでしょうか？

養育者と赤ちゃんの音声のやりとりを観察すると、1カ月齢くらいの赤ちゃんでも語りかけられたことばの意味がわかっているような表情や発声、しぐさの変化を見せることがあります。もちろん意味はわからないので、語りかけそのものの「快適な雰囲気」を感じ取っていると考えられます。これまでの研究の報告から、赤ちゃんがとりわけヒトの音声に敏感であること、そしてことばの意味や内容にも増して音声が持つ「話者特性」と「感情特性」についての情報に注意を向けていることがわかってきました。「話者特性」とはその声が誰の声であるかの情報です。「感情特性」は発話している人の気持ちなど感情の状態にかかわる情報で、この情報が話し手の「雰囲気」を伝えているのです。

「語りかけ」が時には赤ちゃんの発声行動を増やし、音声のやりとりを促すことも観察研究などでは報告されています。しかしここで重要なことは、自然な状況下での観察の結果であり、「語りかけ」ることを特別なこととして行った場合ではないということです。つまり、特別に頻繁に語りかけたり、語りかけのバリエーションにこだわることが、赤ちゃんのことばの発達を促進するかどうかは、まだ明らかになっていないのです。

また、これまでにわれわれが行ってきた語りかけの音声についての解析でも、マザリーズの音声特徴は一つないし二つ程度が見られるもので、前述した特徴がすべて揃う完璧なマザリーズを観測することは少ない結果でした。さらに、語りかけは文法的にみても語彙のバラエティからみても、養育者=話者による個人差が大きく、赤ちゃんを取り巻く言語環境は一人ひとり大きく異なっていることも現実です。

養育者の語りかけが赤ちゃんとの応答を活性化させ、さまざまな表現行動を援助するものであることは確かですが、ことばの獲得や発達の促進という側面に限ってみたときに、通常以上の「語りかけ」が顕著な効果をもたらすかはわかっていません。日本語話者を早期から育てようとするのではなく、まずは赤ちゃんとの声のやりとり、つまり「声」のキャッチボールを楽しみながら、語りかけることをお勧めします。

A2

赤ちゃんの気持ちに添った「語りかけ」はコミュニケーション意欲を育てます。でも、見事な「語りかけ育児」をしても、ことばが遅い子もいます。

子どもの発達支援を考えるSTの会代表・言語聴覚士　中川信子

「語りかけ育児」のイメージは人によってまちまちです。ですので、ひとまずここでの「語りかけ育児」の定義は、イギリスのサリー・ウォードさんがその著書「語りかけ育児」で述べたような内容であることにして話を進めます。

サリーさんが提唱した「語りかけ育児」とは、子どもとしっかり向き合い、子どもの気持ちを受け止めながら、子どもの気持ちに添ったことを大人がことばにして話しかける、というものです。一日に三十分、その子だけと過ごす時間を作り、一緒に散歩したり遊んだりすると、子どもたちのことばは目ざましく進歩したというのです。これは、私たち言語聴覚士が、ことばの遅いお子さんたちとのかかわりの中で実感することとも合致します。

　さて、ことばには三つの意味があります。

①Speech（音声言語）――口に出して言うこと（たとば「バナナ」）

②Language（言語、言語知識）――これは「バナナ」だとわかっていること

③コミュニケーション（意欲）――この人にこのことを伝えたい！　と思うことです。

　赤ちゃんのことばの育ちには、この三つがバランスよく進むことが必要です。

　「語りかけ育児」はこの中の②と③にかかわっています。ことばの中身は実体験を通して蓄積されますし、「この人に伝えたい！」（この人ならきっとわかってくれるから）という気持ちの育ちがことばの発達に深く関係するからです。

　例えば、食卓のバナナを赤ちゃんがじっと見ているとします。その時に子どもの気持ちに注目し、「何見てるの？ああ、バナナね」とか「バナナ食べたい？」とことばをかけることが「語りかけ」。

　赤ちゃんがバナナに注目しているときは、目で見たバナナの形が脳に映っています。そのとき同時に「バナナ」ということばが耳から入ってくれば「あ、この不思議なものは、バナナっていう名前なんだ！」って赤ちゃんにわかります。バナナを食べてその味や感触を知るとともに「バナナ、おいしいね」との声かけがあればさらに「バナナ」が印象深く記憶されます。

　何より大事なのは、子どもに合わせたことばかけを通して、「この人は僕が興味を持ったものをちゃーんと見てそれに応えてくれる人だ」「僕、この人大好き！」「この次も、この人に頼ってみようっと」という気持ちすなわちコミュニケーション意欲が育つことです。

　赤ちゃんがエプロンをむしりとろうと奮闘している最中に「バナナだよ、ほら、見てごらん」って声かけしても、それは「語りかけ」たことにはなりません。なぜなら、赤ちゃんの注意が向いていないときは学習に適さないからです。

　さて、こういうふうに、赤ちゃんの気持ちに添った、適切な「語りかけ育児」を実践すれば、赤ちゃんは、必ずたくさんことばを覚えるかどうか、です。私は、今までにたくさんの親子さんとお会いしましたが、その経験から、「そうかもしれないけど、そうでもないこともある」、としか言えません。

　「言語発達は生得的要因と、環境との相互作用の中で起きる」とは、言語発達の大事な法則です。親ごさんが見事な「語りかけ育児」を自然に実践していてもことばの遅い子もいます。反対に、誰が見ても「語りかけ育児」とはほど遠い、かかわりの薄い親ごさんのもとでも、どんどんことばを伸ばしていくお子さんもいるのが現実。

　ことばが伸びるかどうかにとらわれ、「語りかけ育児」の形を実行しようと窮屈になるよりは、自分なりのやり方で、毎日子どもとコミュニケーションしながら、一緒においしいものを食べ、楽しく暮らすことが一番なのではないでしょうか。

【参考文献】　サリー・ウォード：語りかけ育児　小学館　２００２

Q3 赤ちゃんはなぜ「はいはい」をするのでしょう？

赤ちゃんを特徴づける運動の一つが、はいはいです。歩けるようになる前に四つんばいのはいはいをするのはなぜなのでしょう。

A1 「動きたい」という動機と、「ＣＰＧ」の力が関わりあって、「はいはい」が生み出されるのではないでしょうか。

東京大学大学院教育学研究科准教授　多賀厳太郎

　はいはいとはどんな動きでしょうか。実はかなりのバリエーションがあるのではないでしょうか。例えば、ある子ども達は、いわゆるはいはいを経由しないでいきなり歩き始めます。彼らはシャッフラーという、お尻で座っていて手足を床につけて前進する移動方法をとります。はいはいということばを移動手段という意味にとらえ直すと、生後1カ月の赤ちゃんでも仰向けで足をキックしながらズリズリ動いています。つまり、はいはいも含めた移動は、生後早い時期からあるもので、これは環境の中を自分で探索するためにあるものなのではないでしょうか。では、どうして探索するのか。それは新しいところに行きたいという傾向、モチベーションと言ってもいいかもしれません、が埋め込まれているからなのかもしれません。

　ところで、はいはいにはいろいろあるとはいっても、ほとんどの乳児はいわゆる四足歩行のはいはいをします。これには central pattern generator（ＣＰＧ）と呼ばれるものが幾分関係しているように思われます。動物研究の話なのですが、脊髄にＣＰＧという歩行のパターンを作る回路があることが知られています。犬、猫の脊髄には神経回路網があって、足の動きを協調させて四つ足歩行を作っていることが実証されています。ＣＰＧはいろんな動物にあり、魚にもあります。例えば頭を切り落とした魚でも体がぴくぴく動くのはＣＰＧのおかげです。ＣＰＧは恐らく人間の赤ちゃんにもあります。その例が原始歩行です。原始歩行とは、新生児の体を支えてあげながら、机の上に新生児の足が軽く触れるようにすると、歩いているような足の動きが起こるという現象で、この現象は歩行というパターンが既に新生児の段階で備わっていることを示唆しています。確証はありませんが、この機構すなわちCPGが、はいはいの動きにも貢献しているのではないでしょうか。

はいはいという行動にとって、モチベーションとCPGは互いに相補的なものです。つまり、モチベーションを司っている場所が命令を出し、それを受けて運動を作るところが働くことで体が動く、というモデルが神経機構として想定されています。

実際の例として、例えば、生後2、3カ月の子がたまたまキックをしたとしましょう。その結果その子は自分の重心が変化し、体の位置が変わることを発見するかもしれません。すると、それを何度もやることが生じ、今度は自分が動きたいときにその動きを活用するようになるというのが実際に起こっているのかもしれません。そして、動きを生成するときに、ある種のパターン形成の仕組みがあらかじめ組み込まれているおかげで、特定の動きに収束するということが起きます。CPGの場合、例えば右と左が交互に出るというような仕組みがありますし、比較的あるパターンを持った動きが出やすいのです。そういうパターンは経済的、つまり楽な動きであるという性質があるので、結果として整ったものになりやすいという面もあるかもしれません。その結果、最終的にはいわゆる「はいはい」という動きになるのではないでしょうか。

（取材・まとめ／加藤正晴）

A2

「はいはい」という動きにも、「動きたい」という動機にも、赤ちゃんの「身体性」が重要な役割を果たしていると考えています。

東京大学大学院情報理工学系研究科教授　國吉康夫

この問いは二つに解釈できるでしょう。ひとつ目は、赤ちゃんはやろうと思えば、いろんなことができるはずなのに、なぜはいはいというやり方を選ぶのかという運動的側面からの解釈で、二つ目は、なんのためにはいはいをするのかという動機的側面からの解釈です。

赤ちゃんがさまざまな行動を獲得する仕組みを調べるため、我々は赤ちゃんシミュレーションを行いました。シミュレーションでは、赤ちゃんの身体の物理的な特性や子宮内の環境をできるかぎり本物の赤ちゃんの場合と一緒にして、その人工的な赤ちゃんがシミュレーション環境の中で「育つ」と、どんな動き方が現れるのかを調べました。このとき、身体や環境はできるだ

け本物に近づける一方で、人間の神経系、脳や心といった、行動の制御をつかさどる部分は、あらかじめ決まった法則をできるだけ入れないようにしました。すると、はじめのうちは意味の無い動きをしていた赤ちゃんが、やがて、うずくまった姿勢で足を交互に動かすようになり、あと少しではいはいしそうな動きまでしてしまいます。はいはいするような仕掛けを入れてないのに、こういう姿勢や動きが出てきたのです。このことから、人間の身体の仕組みと床という環境の組み合わせが、ごく自然に「はいはい」という運動が起こる可能性を非常に高いものにしているということが言えるのではないでしょうか。

　次になぜはいはいをしたくなるのか、という動機の部分ですが、これはとても難しい問題です。実は、動機というものは、ロボットでできないことは何か？　ということを考えたときに最後まで問題として残るものなのです。例えばロボットに学習をさせようと考えたとき、報酬系という、いわゆるアメとムチの形で、行動に対して、良い・悪いの評価をすることにより、行動の仕方を決めていくという方法がよくとられます。

　でもこれは他者によって決められていますよね。自分で決めている訳ではありません。人間の場合は自分自身の脳内にも報酬系があるようだからロボットとは違うじゃないかという議論になるかもしれませんが、そう簡単ではありません。人間の場合、判断は情動系にまかされる訳ですが、良い・悪いの基準はどこから出てくるのでしょう。「それは生存本能として決まっています」というのではつまらないですね。もうひとつ先の答えが知りたいのです。私はここでも「身体性」が重要なのではないかと考えています。変なものを食べて気持ち悪くなった時、そのシグナルを出すのは身体です。つまり最終的な評価系は、「身体」であると言えるのではないでしょうか。そういうことを考えると、家の中の赤ちゃんにとっての環境を、身体を通して探索し、味わい、発見する喜びに満ちたものにしておくことは大事なことかもしれません。はいはいする動機がなんであるかはまだ研究中ですが、おそらくこれも「身体性」が重要な役割をしめるのではないかと考えています。

（取材・まとめ／加藤正晴）

イラスト／ふるたあらた

読者の方々へ

投稿、寄稿をお待ちしています。

「赤ちゃん学カフェ」は、読者の方々と共につくる雑誌を目指しています。創刊号についてのご感想、雑誌の今後についてのご意見、ご感想、ご要望など、お寄せください。エッセーや実践記録などもどうぞ。テーマや形式は問いません。

提案や企画をお寄せください。

日頃こんなことが気になっている、誌上でこんな問題を論議してほしい……など、取り上げてほしいテーマや企画がありましたら、問題の大小にかかわらず、お寄せください。その問題についてのご自身のお考えもお書き添えいただければ幸いです。

「赤ちゃんと育児を科学するクロストークQ&A」の「Q」を募集

「赤ちゃんと育児を科学するクロストークQ＆A」は、赤ちゃんや育児の日常を、科学の目で、今一度捉え直してみようという企画ページです。
「どうして？」「これってホント？」「こんなふうに言われているけれど、どうも納得がいかない」など、日頃思ってらっしゃることがありましたら、「Q」としてお寄せください。疑問に思われる理由や、「私はこうではないかと思う」なども、「Q」案とともにお書きください。
発達に関すること、身体に関すること、睡眠や食事や排泄に関すること、育児方法や育児用品に関すること……、何でも結構です。

投稿その他をお寄せくださるときは

◉お名前、職業（専門分野）、連絡先を明記してください。投稿等で、匿名を希望なさる場合には、お名前の後に（匿名希望）とお書きください。なお、掲載に際しましては、掲載の形等についてご相談させていただく場合がありますので、必ずご連絡先をお書きくださるようお願いいたします。

◉宛先

E-mail：akachan_gakkai@ibcd.twmu.ac.jp
メールタイトルに、「カフェ読者室」とお書きください。

郵送の場合は下記宛にお送りください。
〒162-8666　東京都新宿区河田町8-1　東京女子医科大学乳児行動発達学講座内
日本赤ちゃん学会「赤ちゃん学カフェ」編集部

妊娠期における母親の子ども表象と生後2ヶ月における母子相互作用との関連性

京都大学大学院　本島優子／京都大学大学院　遠藤利彦

乳児におけるテレビ視聴時の脳活動計測

東京大学21世紀COE　旦　直子／東京大学情報学環　開　一夫／東京大学教養学部　松田　剛
東京大学総合文化研究科　福島宏器／東京大学総合文化研究科　松中玲子／東京大学21世紀COE　宮崎美智子

乳幼児との触れ合いが親性を育てる ―脳科学による親性育成過程の解明：第1報―
乳児泣き場面に対する機能的MRI研究

福井大学医学部病態制御医学講座小児科学　中井昭夫／福井大学医学部看護学科臨床看護学講座　佐々木綾子
福井大学医学部病態制御医学講座精神医学　小坂浩隆／福井大学医学部看護学科臨床看護学講座　田邊美智子
福井大学教育地域科学部発達科学講座　松木健一

乳幼児との触れ合いが親性を育てる ―脳科学による親性育成過程の解明：第2報―
育児体験プログラムの心理・生理・内分泌・脳科学的検証

福井大学医学部看護学科臨床看護学講座　佐々木綾子／福井大学医学部病態制御医学講座精神医学　小坂浩隆
福井大学医学部病態制御医学講座小児科学　中井昭夫／福井大学教育地域科学部発達科学講座　松木健一
福井大学医学部看護学科臨床看護学講座　田邊美智子

現実および映像観測時におけるEEGの時間周波数解析

東京大学大学院総合文化研究科　松中玲子／東京大学21世紀COE　旦　直子／東京大学大学院情報学環　開　一夫

乳児における身体動作知覚の発達 ―アイトラッカーを用いた検討―

京都大学　小森伸子／京都大学　守田知代／京都大学　嶋田容子／豊橋技術科学大学　北崎充晃／京都大学　板倉昭二

インターネットを利用した赤ちゃん学体験サイト「赤ちゃんラボ on the Web」の試み

東京大学21世紀COE「心とことば」　宮崎美智子／東京大学21世紀COE「心とことば」，東京大学大学院情報学環　開　一夫

曖昧運動刺激の方向バイアスとその発達的変化

東京女子医科大学乳児行動発達学講座，独立行政法人科学技術振興機構　加藤正晴
東京女子医科大学乳児行動発達学講座，独立行政法人科学技術振興機構　乙部貴幸
東京女子医科大学乳児行動発達学講座，独立行政法人科学技術振興機構　小西行郎

新生児のGeneral Movementsに対する母親の語りかけの影響

東京女子医科大学乳児行動発達学講座　中野尚子／長野県立子ども病院リハビリテーション科　木原秀樹
統計数理研究所　中野純司／埼玉大学教育学部　志村洋子／東京女子医科大学乳児行動発達学講座　小西行郎

乳児における顔情報処理時の眼球運動追跡：予備的検討

科学技術振興機構CREST，東京女子医科大学乳児行動発達学講座　乙部貴幸
東京女子医科大学乳児行動発達学講座，科学技術振興機構CREST　小西行郎

遊び場面における乳児と母親の音楽的やり取りの研究（1）
～9ヵ月から12ヵ月齢時点の注視と反応の分析から～

埼玉大学大学院教育学研究科　秋元文緒

室内音環境の違いが泣き声の聴取傾向にもたらす効果

東京学芸大学大学院連合学校教育学研究科　山根直人／埼玉大学教育学部　志村洋子

乳児保育室の空間構成と保育及び子どもの行動の変化 ―子どもの動線を手がかりに―

東京大学大学院　村上博文／白梅学園大学　汐見稔幸／埼玉大学教育学部　志村洋子／中野区立あさひ保育園　松永静子
CHS子育て文化研究所　保坂圭一／バオバブ保育園　富山大士

頭部エコーを用いた新生児脳梁面積の成長曲線

東京女子医科大学乳児行動発達学教室　小濱雅則

微笑の起源（15）

聖心女子大学　川上清文／日本女子大学　高井清子／東京工業大学　川上文人／京大霊長研　友永雅己／亀田総合病院　鈴木　真

母親の愛着と幼児の行動との関連性、並びに幼児の行動に対する母親評価と保育士評価の相違性について

関西女子短期大学　辻野順子／関西学院大学　雄山真弓／姫路ひまわり保育園　田靡みつ子

おむつ交換時における母子相互作用

ユニ・チャーム　丹下明子／ユニ・チャーム　三野めぐみ／ユニ・チャーム　宮澤　清
東京大学大学院総合文化研究科/学際情報学府　開　一夫／京都大学大学院文学研究科　板倉昭二

日本赤ちゃん学会　第7回学術集会（2007年6月30日・7月1日）　ポスター発表

乳幼児期の母子間絵本共有と自由遊び場面における母子相互作用との関連

同志社大学文学研究科　佐藤鮎美／同志社大学文学部　内山伊知郎

乳児のリーチングに先行する前頭部ヘモグロビン動態変化

福島大学人間発達文化学類　高谷理恵子／中央大学文学部　緑川　晶

母子間相互作用における因果関係の発見が導く社会的行動の発達
～ロボットによる視線追従の獲得を例に～

JST ERATO，阪大院　住岡英信／JST ERATO　吉川雄一郎／JST ERATO，阪大院　浅田　稔

母子間相互模倣におけるマグネット効果が導く乳児の母音獲得

阪大院　石原　尚／JST ERATO　吉川雄一郎／JST ERATO，阪大院　三浦勝司／JST ERATO，阪大院　浅田　稔

移動経験が導く共同注意発達の構成的モデル

阪大院　竹内佑治／JST ERATO　吉川雄一郎／JST ERATO，阪大院　住岡英信／JST ERATO，阪大院　浅田　稔

全身に柔軟なアクチュエータ・柔らかい皮膚・触覚センサを持つヒューマノイドロボットの開発
―人との密接な関わりによって発達するロボットに向けて―

科学技術振興機構 ERATO　港　隆史／科学技術振興機構 ERATO　吉川雄一郎／大阪大学大学院工学研究科　野田智之
大阪大学大学院工学研究科　池本周平／科学技術振興機構 ERATO，大阪大学大学院工学研究科　石黒　浩

手先触行動による自己の顔の視触覚表現獲得モデル

JST ERATO 浅田プロジェクト，大阪大学大学院工学研究科　福家佐和
JST ERATO 浅田プロジェクト，大阪大学大学院工学研究科　荻野正樹
JST ERATO 浅田プロジェクト，大阪大学大学院工学研究科　浅田　稔

報酬予測に基づく初期コミュニケーション獲得モデル

JST ERATO 浅田プロジェクト，大阪大学大学院工学研究科　荻野正樹／大阪大学大学院工学研究科　大井手友美
大阪大学大学院工学研究科　渡辺絢子／JST ERATO 浅田プロジェクト，大阪大学大学院工学研究科　浅田　稔

模倣とコミュニュケーション能力

神戸大学，科学技術振興機構　小椋たみ子／京都大学，科学技術振興機構　板倉昭二／科学技術振興機構　久津木　文
北海道教育大学　江上園子／科学技術振興機構　黒木美紗

SIDS 発生率と水道水の硝酸性窒素濃度との相関

NPO 法人 日本生態系農業協会　井上　俊昭

母親の mind-mindedness と 18ヶ月児の心的語彙能力―語彙理解と表出に関する質問紙調査より―

京都大学大学院教育学研究科　篠原　郁子

総合および地域周産期母子医療センターの新生児集中治療室におけるカンガルーケアの実態

大阪樟蔭女子大学　藤野百合／大阪府立大学看護学部　末原紀美代

小学生にも Infant-directed speech が出現するか？

湊川短期大学　中川　愛／兵庫教育大学連合大学院　松村京子

眼球運動リズムと排尿タイミングの出生前後の変化に関する検討

九州大学大学院　生殖病態生理学　諸隈誠一／九州大学大学院　生殖病態生理学　福嶋恒太郎
九州大学大学院　生殖病態生理学　月森清巳／九州大学大学院　生殖病態生理学　中野仁雄
九州大学大学院　生殖病態生理学　和氣徳夫

脳性麻痺児に対するリーチング獲得への認知発達リハビリテーション～ pre-reaching から reaching へ～

日本バプテスト病院リハビリテーション科　浅野大喜

発達フォローアップ外来における対面的共同注意の検討

帝京大学小児科　藤井靖史／帝京大学小児科　天方かおり／帝京大学小児科　荻田香織
帝京大学小児科　代田道彦／帝京大学小児科　内田英夫／帝京大学小児科　金子衣野
帝京大学小児科　権東雅宏／帝京大学小児科　星　順／帝京大学小児科　柳川幸重

共同注視が乳児の対象の選好に与える影響の国際比較

京都大学　嶋田容子／京都大学　片山智佳子／京都大学　守田知代
Leipzig University　Melanie Demiral／Max Planck Institute　Tricia Striano／京都大学　板倉昭二

社会的随伴性に対する乳児の反応における気質の影響

科学技術振興機構　黒木美紗／神戸大学人文学研究科　小椋たみ子／北海道教育大学　江上園子
科学技術振興機構　久津木　文／京都大学文学研究科，科学技術振興機構　板倉昭二

社会的認知の発達的変化：視線選好と要求行動の関係

京都大学，科学技術振興機構　板倉昭二／神戸大学，科学技術振興機構　小椋たみ子／科学技術振興機構　久津木　文
科学技術振興機構　黒木美紗／北海道教育大学　江上園子／科学技術振興機構　田中大輔／統計数理研究所　前田忠彦

乳児の顔認知に対する運動情報の効果

東京女子医科大学，日本学術振興会　大塚由美子／淑徳大学　金沢　創／中央大学，科学技術振興機構さきがけ　山口真美
東京女子医科大学　小西行郎／University of Texas at Dallas　Hervé Abdi
University of Texas at Dallas　Alice J.O'Toole

他者の顔への参照行動とコミュニケーション

科学技術振興機構　久津木　文／神戸大学人文学研究科　小椋たみ子／北海道教育大学　江上園子
科学技術振興機構　黒木美紗／京都大学文学研究科，科学技術振興機構　板倉昭二

学会ニュース

日本赤ちゃん学会事務局長　呉　東進

第２学会誌「赤ちゃん学カフェ」が創刊

赤ちゃん学会の今年一番のビッグニュースは、何といっても、この第２学会誌「赤ちゃん学カフェ」の創刊でしょう。いろいろと紆余曲折やどんでん返しもありましたが、この原稿が日の目を見て、皆さんが今雑誌を読んでいるのでしたら、何とか創刊号の発行にこぎつけたということでしょう。事務局としても、読者の皆様に興味を持って継続して読んでいただけるように努力していきたいと思いますので、よろしくお願いいたします。

「新・赤ちゃん学」入門講座を開講

次に挙げられるのは、昨年の５月から産経新聞社と共催で、「新・赤ちゃん学」入門講座を大阪で開講したことでしょう。赤ちゃん学の知見を保育の中で役立つようにわかりやすく提供するのが目的で、毎回50数名の方が熱心に受講されました。講師は、小西理事長をはじめ、主に赤ちゃん学会の各分野の方々で、幸いに参加者の反響もまずまずで、今後の展開が期待されます。理事長は、全国行脚をもくろんでいるようですが、さて、うまく行くでしょうか。（今年は東京と大阪で開催を予定しています。）私自身は、「保育に生かす赤ちゃん学と音楽」というタイトルで５月の第１回のときに講義を行いました。評判のほどは、誰かにこっそり聞いてください。

新・赤ちゃん学国際シンポジウムは熱気いっぱい

昨年（2007年）のシンポジウムは「赤ちゃんと音楽」というテーマで、カナダのトロント大学心理学部名誉教授トレハブ先生とアメリカのフロリダ州立大学音楽学部教授スタンレー先生をお招きして、東京のサンケイプラザ（10/30）と京都の同志社大学寒梅館（11/2）で開催されました。両先生の講演に加えて、学会員向けシンポジウムでは、ヤマハ音楽研究所の二藤宏美先生と私の指定発言、一般向けシンポジウムでは、埼玉大学の志村先生と立教女子短期大学の今川先生による「おんがく」パフォーマンスや質疑応答もあって、両日とも平日にもかかわらず例年並みの入場者と反響で、昨年のシンポジウムを企画運営した者として本当にホッとしています。私自身、医療と子どもと音楽の接点で研究や診療を行っているため、昨年は、裏方作業だけでなく舞台にも出る羽目になり、参加者の皆さんの熱気を肌で感じることができました。アフリカの子守唄あり、中華鍋「演奏」の実演あり、子ども達の踊りありで、音楽の幅の広さと深さ、バリアーを超える素晴らしさを改めて感じさせられました。

赤ちゃん学会のロゴを募集しています

ところで、学会では、今まで福井大学の松木先生直筆のかわいい赤ちゃんの絵を、学会の仮ロゴとして使用させていただきましたが、この度、正式にロゴを決定することになり、皆様から広く募集しています。残念ながら、学会の台所事情もあって賞金や賞品はありませんが、皆様の発案されたロゴがこれから末永く使われるチャンスですので、奮ってご応募下さい。

日本赤ちゃん学会入会のご案内

●赤ちゃん学会はこのような学会です

日本赤ちゃん学会は、年1回の学術集会の他、78ページの「学会ニュース」に紹介しておりますようなさまざまな活動をおこなっています。学会誌としては、「ベビーサイエンス」と「赤ちゃん学カフェ」の2誌を発行。会員は医学、心理、工学など、多様な分野にわたっており、また研究者や小児医療関係者とともに、保育士や子育て中の親も集う学会です。

詳しくは学会ホームページをご覧ください。　http://www.crn.or.jp/LABO/BABY/

●赤ちゃん学会へのご入会は

個人で入会する会員としては、正会員と学生会員の2種類があります（この他に、企業・団体会員である賛助会員があります）。下欄の入会申込書（コピーで可）にご記入の上、会員事務局に必ず郵送にてお申し込みください。会費は申し込みから10日以内に、ゆうちょ銀行の下記振替口座にお振り込みください。

年会費　　正会員　5,000円　　学生会員　3,000円

※学生会員の場合は学生証のコピーを添付してください。
学生証期限の記載部分が鮮明になるようにコピーをお願いします。

振替口座記号番号　00120-4-739402
加入者名　日本赤ちゃん学会（ニホンアカチャンガッカイ）

入会申込書送付先（会員事務局）
〒162-0041　東京都新宿区早稲田鶴巻町519番地　洛陽ビル3階
株式会社　春恒社　学会事務部内
電話：03-5291-6231
E-mail:baby@shunkosha.com　　http://www.shunkosha.com

赤ちゃん学会―入会申込書

ふりがな		②会員種別	□正会員　□学生会員
①氏名			
③連絡先	□ご自宅　□ご所属または勤務先		
④ご所属勤務先名			
⑤部署・役職			
⑥連絡先住所	〒		
連絡先	電話	FAX	
E-mail			

①は個人名をお書きください。②③はそれぞれどちらかを選択してください。④⑤は連絡先がご自宅の方は記入不要。⑥は都道府県名からご記入ください。

赤ちゃん学カフェ　2008　vol.1

発行日　2008 年 4 月 10 日
3　刷　2010 年 10 月 18 日

発行人　小西行郎

発　行　日本赤ちゃん学会

編　集　赤ちゃん学カフェ編集委員会
〒 619-0225 京都府木津川市木津川台 4-1-1 同志社大学学研都市キャンパス快風館
赤ちゃん学研究センター　TEL ／ FAX 0774-73-1917
E-mail : akachan_gakkai@ibcd.twmu.ac.jp　http://www.crn.or.jp/LABO/BABY/index.html

発売元　ひとなる書房株式会社
〒 113-0033　東京都文京区本郷 2-17-13 広和レジデンス 101
TEL 03-3811-1372　FAX 03-3811-1383　E-mail : hitonaru@alles.jp

印　刷　モリモト印刷株式会社

ISBN978-4-89464-114-3 C3037